パラサイト社会のゆくえ【目次】

Ⅱ　欲しいモノがない――子ども社会の変容　079

Ⅲ　パラサイト社会の裏側　125

はじめに——社会学ほどやりにくい商売はない

学問を「商売」に見立てた場合、社会学ほどやりにくい商売はないと思う。研究成果を「役立つもの」として世間（学界外の社会）に買ってもらおうとしても、なかなか売りにくいのだ。それは、社会学が役に立たないとか、世間が社会学を必要としていないという理由ではない。事態は逆で、社会の変動が激しく、常識では理解できないことが次々と起こっている現在は、社会学的分析が世間からますます求められていると思う。

しかし、売りにくい。なぜなら、社会学の研究対象である社会は常に変化している。だから研究成果は一種の「生もの」となり、売りに出したとたん、いや売りに出す前から鮮度がどんどん落ちていくからである。

社会学にも理論社会学、歴史社会学などいろいろな分野がある。ただ、社会の現状を調査（これも、統計調査や事例調査、メディア分析などいろいろな方法がある）し、そこで得られた知見を発表するというのが社会学の典型的な研究方法である。

しかし、調査や分析には時間がかかる。近年は社会変化のスピードが速く、あっという間に、研究で得られた知見と社会の現実が乖離してしまうのだ。まさに、研究成果が「腐って」売り物とはならなくなってしまうのである。もちろん、社会学という学問の世界では、知見が古かろうと研究当時の社会の状況を正しく伝えるものとして評価され、研究成果として蓄積される。その蓄積が新しい成果を生む糧になる。しかし、その知見が世間にとって役に立つものであるかというと別の問題である。一〇年前の交通路線図をいくら正確に作っても、一部のマニア以外には「売れない」のと一緒である。

物理学など自然科学ではこれはない。現在のところ物理法則や人体の仕組みが変化することは考えなくてもいい（宇宙生成期や何十万年というオーダーでは変化するだろうが）。また、法律学や経済学は、「生の社会」を扱うとはいえ、社会学よりずっと「商売」しやすい。法律や判例の変化は、「目に見える」形でわかる。国会や裁判所が決めてくれ、一度変わった後は、相当長期間変わらない。経済学も、変化する経済現象を経済制度や数字の変化で把握でき、数量的に予測することができる。

しかし、人々の行動や意識を扱う社会学は、そうはいかない。例えば、若者のコミュニケーション研究を考えてみよう。携帯電話やメールが普及する前と後での行動様式は全く異なっている。一〇年前の若者の調査結果、例えば電話の頻度調査を今出しても、「比較の対象」にはなっても、それだけで現在の若者の行動理解の役に立つとは思えない。

だから、調査研究を主体とする社会学者は、研究成果が時間と共に現状と合わなくなる体験をみな持っていると思う。私が社会学者を志したとき、大学院の先輩から、「とにかく動き続けなければいけないよ」と言われたのを思い出す。とはいえ、あまりに拙速に結論を出せば誤った結論を導くリスクがある。逆に、あまりに厳密、慎重に分析を進めているうちに、社会が変化してしまって現状と合わない結果を発表するのも悲しい。

私が、親に基本的生活を依存しリッチに暮らす未婚者を「発見」し、「パラサイト・シングル論」を提起したのは、一九九七年である（日本経済新聞）。そして、その知見は、一九九〇年代前半に行った様々な調査をもとにしている（詳しくは宮本、岩上、山田『未婚化社会の親子関係』有斐閣、参照）。それを、本にまとめ世に問うたのが一九九九年の『パラサイト・シングルの時代』（ちくま新書）であった。当時は、まだ「独身者＝ひとり暮らし」というイメージが強く、その常識を覆すという意味で「役に立つ」知見であったのか、取材や講演の依頼を多く受けることとなった。

しかし、二〇〇四年を迎えた今、そろそろ『パラサイト・シングルの時代』も、現状分析書としての賞味期限が切れる時期が来ているのかもしれない。それは、私自身がフリーター調査（生命保険文化センター、二〇〇一年）や、若者の生活意識調査（二〇〇二―三年、厚生労働省助成)、親子関係調査(東京都生活文化局、二〇〇二—三年)などに関わる中で、若者をめぐる状況が、ここ五年で大きく変化しているのを実感したからだ。『パラサイト・シングルの時代』の中で展開したロジックの中で、どの点が今でも当てはまり、どの点が古くなっているかを検証することが、パラサイト・シングル論を世に出した私の責務であると思っている。

本書は、パラサイト・シングルの現代的様相を含め、ここ数年に起こった社会変化を読み解くことを、目的としている。

序章では、ここ五年に起こった根本的な社会変化を、「パラサイト・シングルの変質」を手がかりにして考察していく。私は、この分析を進める中で、日本では、一九九〇年代後半に根本的な社会変化があったのではないかと考えるようになった。私は、その節目を一九九八年とし、このころから注目を浴び始めた社会問題を、「一九九八年問題」と名づけ、その実態と変化の方向を概観してみたい。

1章～24章は、家族、労働、教育をめぐる報道を取りあげ、社会の変化を読み解こうとしたものである。雑誌(『子どものしあわせ』二〇〇二年四月号～二〇〇四年三月号)の連載原稿を下敷きにしている。二一世紀に入ってから、離婚の増加やペットブームなど、今まで考えられなかった現象が、ニュースなどでも大きく取りあげられるようになった。それを、一九九八年以降の社会変化の文脈に置くとどのように解釈できるかを示そうとしたものである。

「おわりに」(都政新報二〇〇三年一二月二日付への寄稿に加筆)は、近年の少年犯罪をめぐる社会変化について論じたものである。一九九八年以降、加害者としてのものであっても、被害者としてのものであっても、いずれにせよ少年をめぐる犯罪報道が急速に増えている。事件数自体も増加しているし、何よりも事件の内容に質的変化が生じている。これも、日本社会の質的変化と関連させて解釈してみたい。

拙速というリスクはあっても、なるべく「変化しつつある」社会の姿を的確に捉え、考察結果を世に問いたい、そのような思いをくみ取っていただければ幸いである。

序章

パラサイト・シングルの変質

一九九八年問題

†パラサイト・シングルの現在

一九九九年、『パラサイト・シングルの時代』をちくま新書から出版して、五年の歳月が経過した。学卒後も親と同居して基本的生活条件を依存し、リッチな生活を楽しむ未婚者を、まるで親を宿主として寄生生活しているように見えることから名づけたものである。彼らが、結婚し、自分の稼ぎで生活すると、生活水準が低下してしまう。だから、結婚を先延ばしにする人が増え、結果的に子どもの数が減っていくというロジックを展開した。

少子化に歯止めがかからず、政府も本格的に少子化対策に乗り出そうとしている時にタイミング良く出版されたため、この本には様々な反響があった。

五年たった現在（二〇〇四年）、パラサイト・シングルを巡る社会状況は、一変した。今でも、二十代女性を中心とした親同居未婚者の生活満足度は他世代に比べ相対的に高い（図表0－1）。私が、『パラサイト・シングルの時代』で描き出したように、収入のほとんどを自分の小遣いとして使い、ブランド衣類に身を固め、高級車を乗り回したり、海外旅行を楽しむ未婚者が存在していることは確かである。

しかし、その一方、親と同居していても、とてもリッチな生活を楽しんでいるとは思えない未婚者が増えている。親に基本的生活を依存しているという意味で、パラサイトはパラサイトなのだが、生活状況や意識が様変わりしているのだ。

例えば、内閣府国民生活局は、二〇〇一年に「家族と生活に関する国民調査」、二〇〇二年に若者を対象とした調査を立て続けに行い、パラサイト・シングルの現状も分析している。そこでは、女性はともかく、親同居の男性はリッチな生活は送っていないこと、そして、近年親同居未婚者の生活状況が悪化していることが示されている(図表0-2および87ページの図表9-1参照)。

パラサイト・シングルの生活状況が変容している理由は、二つ考えられる。一つは、「フリーター」の増大に象徴されるような若者の労働状

図表0-1　現在の生活に対する満足度
(性・年齢別，2002年)

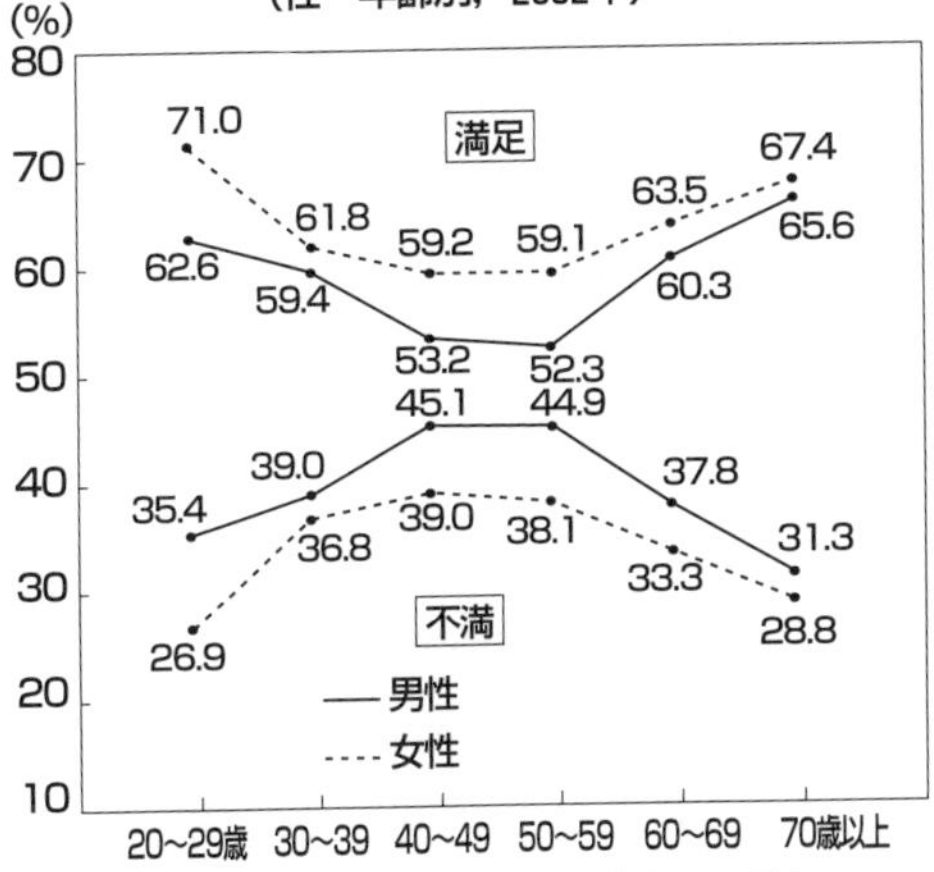

注：満足→「満足している」＋「まあ満足している」
不満→「やや不満だ」＋「不満だ」
出典：『世論調査』平成14年11月号

図表0－2　暮らし向きの変化　（％）

区　分	苦しくなってきた	理由：収入の減少	理由：扶養家族の増加	理由：不動産の購入費用の負担
未　婚	25.1	73.8	1.3	1.3
親同居	26.3	74.9	0.9	1.4
親非同居	19.2	65.2	4.3	—
既　婚	42.5	53.4	25.1	6.8
共働き世帯	32.5	55.3	23.7	5.3
妻パート世帯	32.4	66.7	12.1	6.1
専業主婦世帯	51.1	47.2	33.1	9.2

注：1．内閣府「若年層の意識実態調査」（2003年）により作成。
2．「共働き世帯」は，夫婦とも正社員の世帯。
3．「妻パート世帯」は，夫が正社員で，妻がパート・アルバイトをしている世帯。
4．「専業主婦世帯」は，夫が正社員で，妻が専業主婦をしている世帯。
5．回答者は全国の20～34歳の，学生を除く男女1,649人。
出典：内閣府『平成15年版国民生活白書』

況の変化である。もう一つは、パラサイト・シングルが結婚せずに年を取り、「中年化」した親同居未婚者が生じていることである。順に考察していこう。

†若者の雇用の悪化

まず、ここ五年の間に、若者をめぐる雇用状況が極めて厳しくなっている。「フリーター」と呼ばれる定職に就かない、というよりも、就けない若者が一九九〇年代後半に急速に増大した。

同じパラサイト・シングルであっても、正社員として勤めるパラサイト・シングルと、派遣社員やフリーターのパラサイト・シングルでは、その経済的、心理的余裕度はたいへん異なる。正社員なら給料が相対的に高い上にボーナスが出るが、フリーターならボーナスは無縁である。時間的余裕はフリーターの方があるとはいえ、お金がなければ遊びにも行けない。更に、フリーターには有給休暇はない。ボーナスの後、有給休暇をとって海外旅行というパターンは正社員のパラサイト・シングルの特権なのだ。

特に、近年は、企業の一般職女子正社員が激減し、女子派遣社員への置き換えが進んでいる。いずれ結婚退社を予定していても、正社員であれば結婚できなくても仕事を続けていられるので、心理的余裕ができる。しかし、将来が保証されない派遣、フリーターでは、長期間の旅行に行く心理的余裕もなくなるだろう。そのため、海外旅行者の構成比をみても、二〇〇〇年に入ってから二十代女性の減少が顕著である（図表０－３）。この旅行者データからみても、パラサイト・シングルの最盛期は一九九〇年頃と推定できる。

図表0－3　女性海外旅行者の年代別構成比

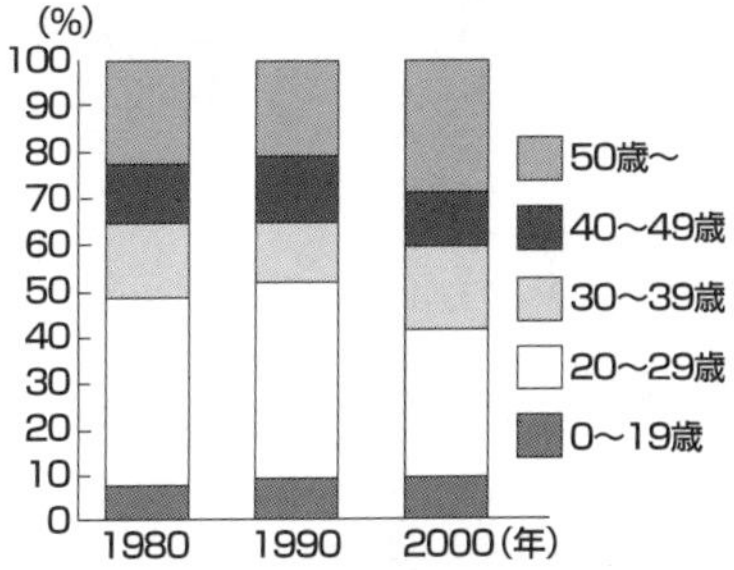

資料：法務省「出入国管理統計」より
出典：小林英俊「ストック消費者が変える日本の旅行市場構造」『運輸と経済』2003年6月号

男性の状況は更に厳しい。「結婚したら男性が家計の支え手となる」という意識が強い中では、収入の相対的に低い男性が結婚しにくい。それゆえ、未婚男性は、結婚資金や将来の収入等の心配をしなければならない。現在、男性の雇用でさえも不安定化しているので、将来の収入の見通しが立ちにくい男性が増えているのである。親と同居していたとしても、結婚を望むなら、リッチなパラサイト生活を楽しむわけにはいかないのだ。

†パラサイト・シングルの不良債権化

もう一つの変化は、私が『パラサイト・シングルの時代』で予言したパラサイト・シングルの不良債権化現象が、意外と早く始まっていることである。親と同居して、「いつか結婚できるはず」と将来設計を先延ばしにしているうちに、年を重ね、三十代、四十代に突入する。自分が二十代には五十代だった父親も引退して年金生活に入り、家事をしてくれていた母親も弱り始める。経済的にも、家事に関しても、徐々に、逆に親を支えなければならない立場に移行する。

私は、読売新聞夕刊で、働く女性の相談室の回答者をしている（東京本社版夕刊）。時々、「どうせ結婚するからと思ってキャリアアップせず、見合いも親が気に入らないからとどんどん断っているうちに、四〇歳を過ぎてしまった。どうしよう」（二〇〇二年九月）とか、「公務員で親と同居しているが、最近親が経済的に頼るようになって困っている」（二〇〇四年六月）といった四〇歳過ぎのパラサイト・シングル女性の相談が寄せられるようになっている。

データ（図表0－4）をみても、一九九〇年には、三十代後半の未婚率は、男性一九・〇％、女性七・五％であったのに、二〇〇〇年時点では、男性二五・七％、女性一三・八％に達している。一九九〇年の二十代後半の未婚者のうち、結婚したのは、男性六〇％、女性六八％なのである。パラサイト・シングルの平均年齢自体も上がってきて、三十代の構成割合が増えてきたのだ。

だから、近年、『負け犬の遠吠え』（酒井順子）や『結婚の条件』（小倉千加子）、『結婚帝国――女の岐《わか》れ道』（上野千鶴子、信田さよ子）など、三十代の未婚女性をテーマにした本が話題となっているのだ。

私が『パラサイト・シングルの時代』で指摘したように、一生結婚しないことを前提に親との同居生活を選択し、将来の生活設計をして行動している未婚者は問題ない。「いつか結婚できるはず」、「結婚すれば問題が解決する」と考え、準備をしないまま未婚中年になってしまう状況を問題視したいのだ。この状況は、いつか土地や株が上がれば問題は解決すると考え改革を先送りにし、不良債権を抱えて経営危機に陥る企業にそっくりだというのが、私が「パラサイト・シングルの不良債権化」という言葉で表したい状況なのである。

不良債権化したパラサイト・シングルは、もうリッチに生活を楽しむ余裕はない。パラ

図表０－４　年代別未婚率の推移

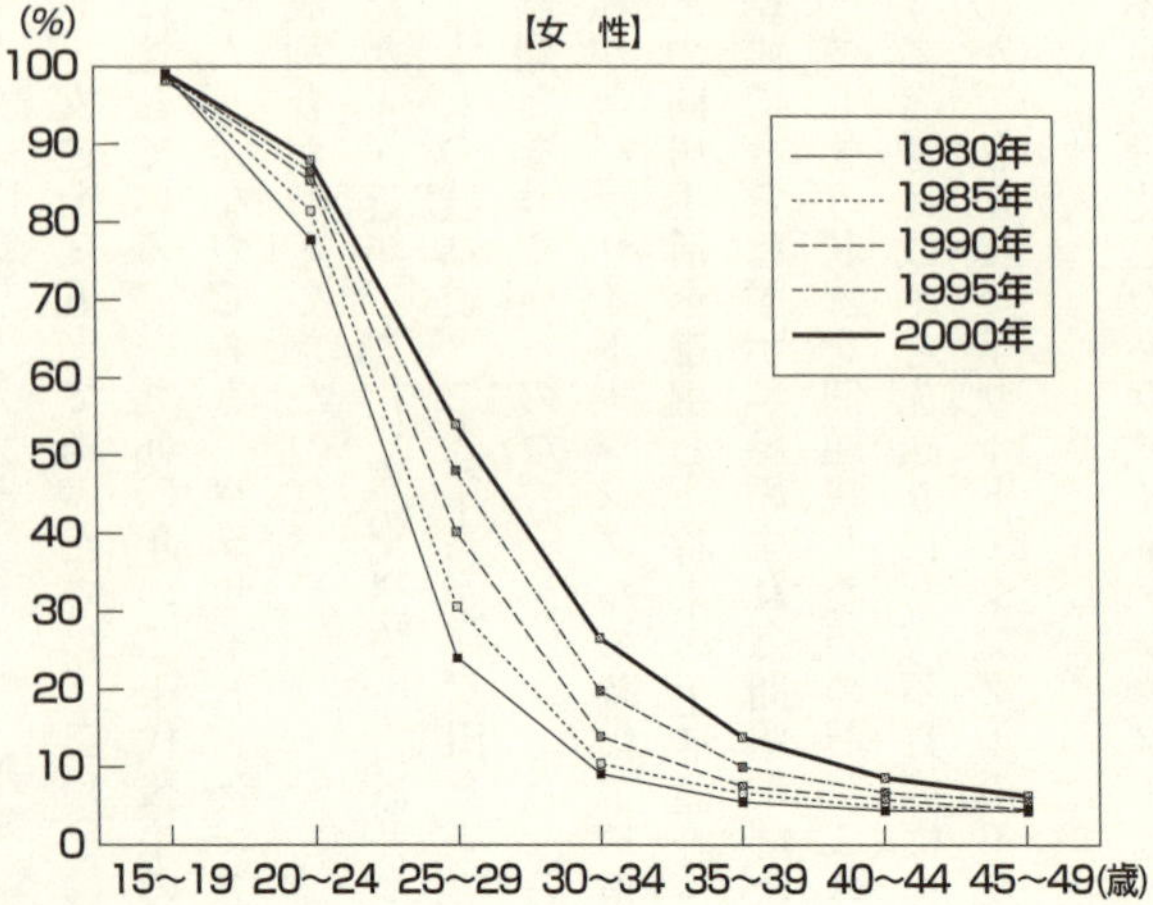

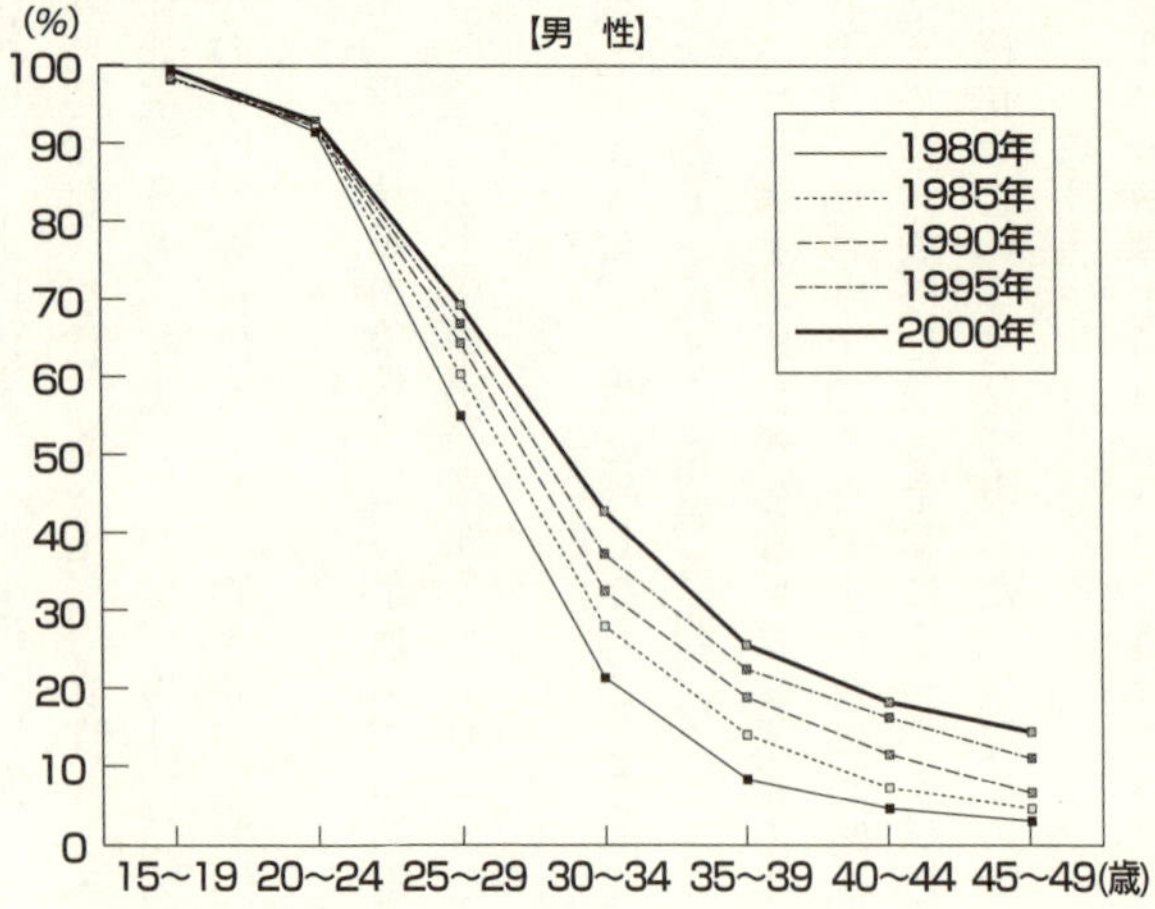

資料：総務省「国勢調査」より

サイトしていた宿主の親は、逆に自分に寄りかかってくる。特に、結婚を前提にキャリアを積んでこなかったフリーター女性は、経済的困難に陥る。嫁が来ることを前提にしてきた男性は、家事や介護負担に直面して慌てるケースが、今後、増えるであろう。

†パラサイト・シングルの変容

傾向をまとめてみよう。一九九〇年頃のパラサイト・シングルは、二十代の正社員が主力であった。だから、相当リッチな生活を楽しみながら、将来はいつか結婚するという展望を描くことができた。

しかし、二〇〇〇年をすぎると、二十代のパラサイト・シングル、つまり、新たに加わった学卒後の親同居未婚者は、フリーターの割合が増え、収入の不安定化が著しく、リッチな生活を楽しめる経済的余裕も心理的余裕もなくしている。

一方、一九九〇年ごろ、結婚を先送りしてリッチな生活を送っていたパラサイト・シングルのうち何割か（私は約三割と推定しているが）は結果的に結婚せず三十代に突入し、将来に不安を抱き、リッチな生活を楽しめる経済的、心理的余裕がなくなっているのだ。

私が「パラサイト・シングル」論を発表したころ（一九九七年）は、既に、リッチなパラサイト・シングルが成り立つ条件が崩れ始めていた時期と重なっていたことになる。

†パラサイト・シングルの変容の要因

パラサイト・シングルに変容が生じた要因は何であろうか。二十代の雇用を不安定化させ、三十代の未婚者のかなりの部分が結婚できなかった原因を考察しなければならない。

それは、若者をめぐる社会状況が、一九九〇年代後半に急速に変化していることに求められる。特に、この時期に、フリーターなど不安定雇用が増え、正社員でも将来の安定雇用や収入増が見込めないという意識が広まっている。社会が不安定なものとなり、将来設計が描きにくくなる事態が出現したのである。

社会が安定した状況で、幸福な将来の生活が予測できるならば、未婚者は、安心してパラサイトして、リッチな生活を楽しんでいられる。しかし、社会が不安定化すれば、それが不可能になるのだ。

また、結婚すれば男性が家計を支えるという意識が強いので、男性の収入の不安定化によって、女性が相手の選別を強めざるを得ない。三高（高学歴、高収入、高身長）どころでなく、安定した収入を得ている独身男性自体の数さえ減っているのだ。専業主婦、いや、結婚後パートタイマー希望の女性でも、安定しある程度の収入を稼ぐ男性でなければ、一緒に生活ができないだろう。しかし、近年の経済状況によって、ある程度の安定した収入でさえ、一部の男性には厳しい条件になっているのだ。

　次の図表（図表0－5）は、私が行った若者調査（二〇〇三年、厚生労働省の助成によって、東京と青森の二五－三四歳の若者を対象にしたもの）からとったものである。未婚女性の結

図表0－5　男性未婚者の年収と未婚女性の期待

				(%)
【青　森】				
男性未婚者の年収	200万以下	200-400万	400-600万	600万以上
	47.9	49.6	1.7	0.9
女性の期待	こだわらない	200万以上	400万以上	600万以上
	30.5	16.1	39.8	13.6
【東　京】				
男性未婚者の年収	200万以下	200-400万	400-600万	600万以上
	33.8	43.2	19.5	3.5
女性の期待	こだわらない	200万以上	400万以上	600万以上
	29.7	4.3	26.8	39.2

図表0－6　若者の意識──日本は経済的にどうなるか

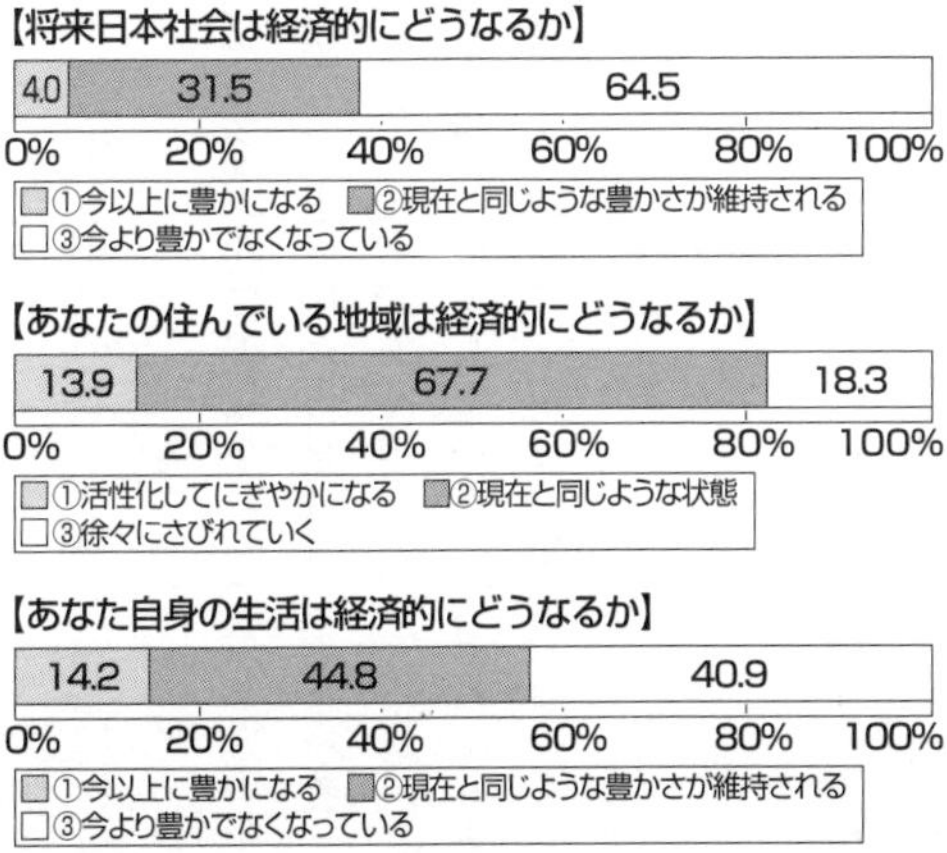

資料:山田昌弘『若者の将来設計における子育てリスク意識の研究』（厚生労働省科学研究費補助金,平成14～15年,総合研究報告書）

婚相手に求める収入はそれほど高くない。しかし、この年代の未婚男性の年収はその水準より低く、不安定なのだ。なぜなら、安定し相当の収入を得ている男性は、既に結婚している人が多いからである。

つまり、適当な相手の出現を待っても確率的に現れないので（女性側から見て）、三〇歳を越してしまう若者が増大しているのだ。男性側から見れば、妻子を養うに足る収入が稼げないので、結婚を先延ばしにするということである。

そして、全般的に、将来に対する不安感が増大している。図表0－6をみても、日本社会がこれから豊かになると考える若者は少数派で、自分の生活もよくならないと考える人もかなりの割合を占めている。

†一九九八年問題

私は、一九九八年という年が、日本社会が不安定化したことがはっきりした節目の年だと考えている。それは、19章で述べるように、二万人強であった自殺者数が、一九九八年突然急増し、三万人台となって高止まりしていることから気がついたものである。

そこで、家族、労働、教育など、様々なデータを検討してみると、一九九八年を起点に様々な数字が転換、それも、望ましくない方に転換していることがわかった。

図表0－7　凶悪犯の年齢段階別人口比の推移

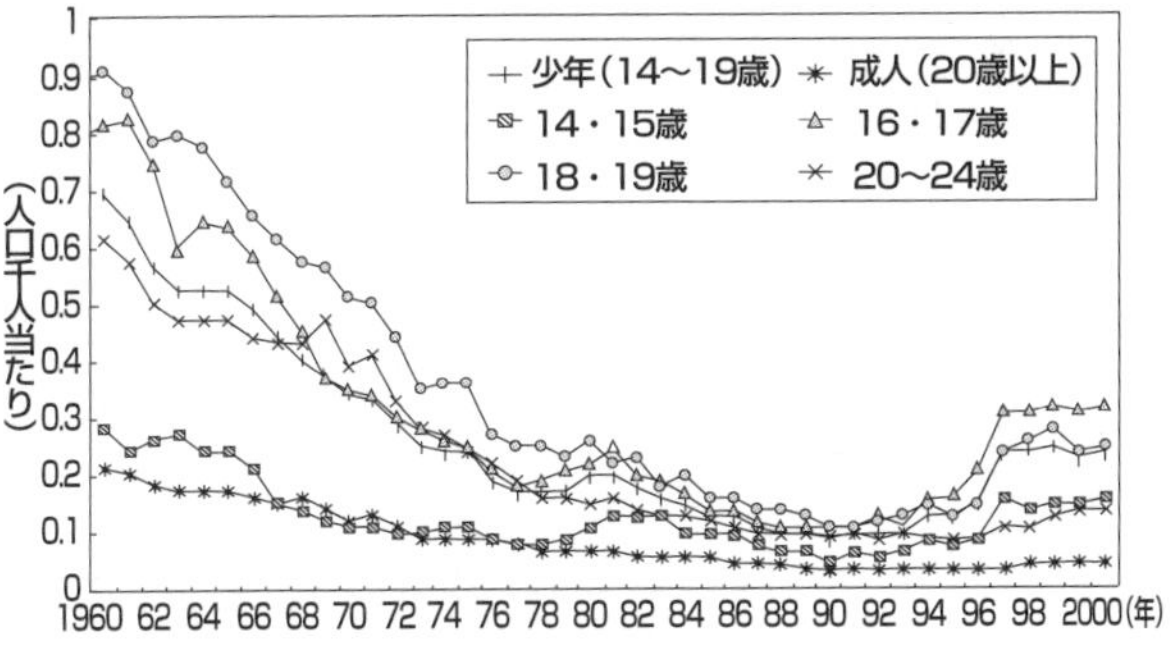

資料：警察庁「犯罪統計書」より
出典：青少年の育成に関する有識者懇談会報告書（平成15年4月）

図表0－8　強姦，強制わいせつ認知件数の推移

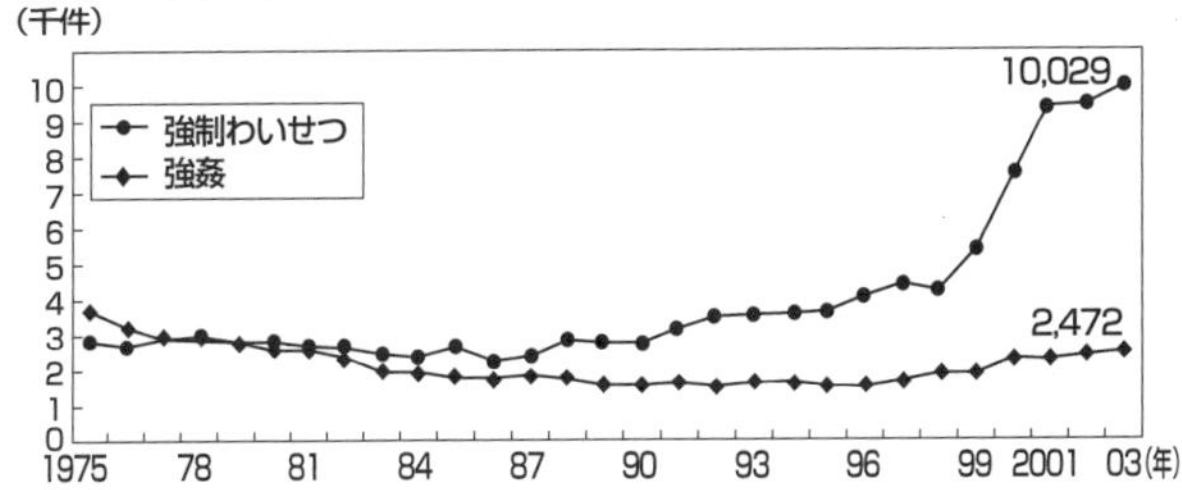

資料：警察庁調べ
出典：0-8, 0-9とも「平成16年版男女共同参画白書」

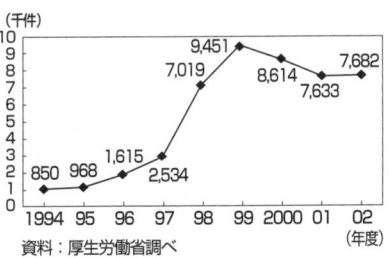

図表0－9　都道府県労働局雇用均等室に寄せられた職場におけるセクシュアル・ハラスメントの相談件数

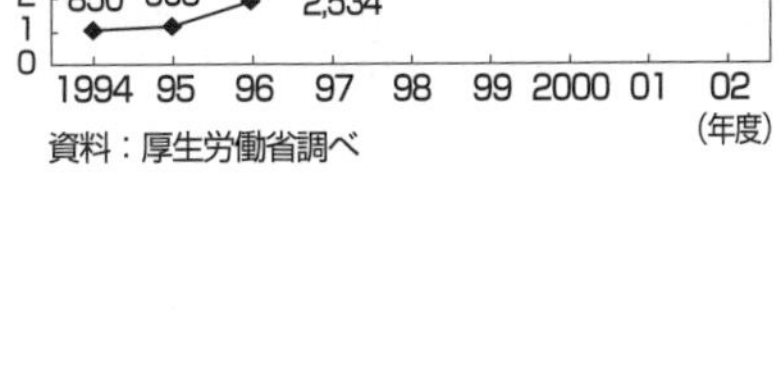

資料：厚生労働省調べ

まず、近年話題の青少年の凶悪犯罪（殺人、強盗、強姦）は、平成に入ってから低水準で推移していたものの、一九九七年を境に上昇に転じている（図表0-7）。成人事件でも、凶悪犯こそ増えていないものの強制わいせつ認知件数が、一九九九年を起点に急増し、二〇〇一年には、一五年前の約三倍に増えている（図表0-8）。ちなみに、セクシュアル・ハラスメント相談件数も一九九八年に激増している（図表0-9）。

家族関係では、児童虐待相談処理件数がやはり一九九九年に急増している（図表0-10）。離婚、「できちゃった結婚」も、一九九〇年代の終わりに増加傾向に弾みがついている（39ページの図表1-1および、57ページの図表4-2参照）。正確な統計はないが、現在五〇万人とも、一〇〇万人ともいわれる「社会的ひきこもり」もこの時期に話題となったものである。

教育の分野でも、いわゆる「不登校」に関して、一九九八年に増加率が高まっている（105ページの図表12-1参照）。高校の中退率は、一九九六年頃から上昇している（図表0-11）。注目したいのは、子どもの勉強時間で、東京都の調査によると、一九九五年までのデータでは、平均勉強時間はあまり変化がなかったのが、一九九八年に急減し、家でまったく勉強しない子どもの割合が急上昇している（図表0-12）。そして、通塾率も小学生では減少している（図表0-13）。ところが、私立中学校を受験する子どもの割合は増え続け

図表0-10　児童相談所における児童虐待相談処理件数の推移

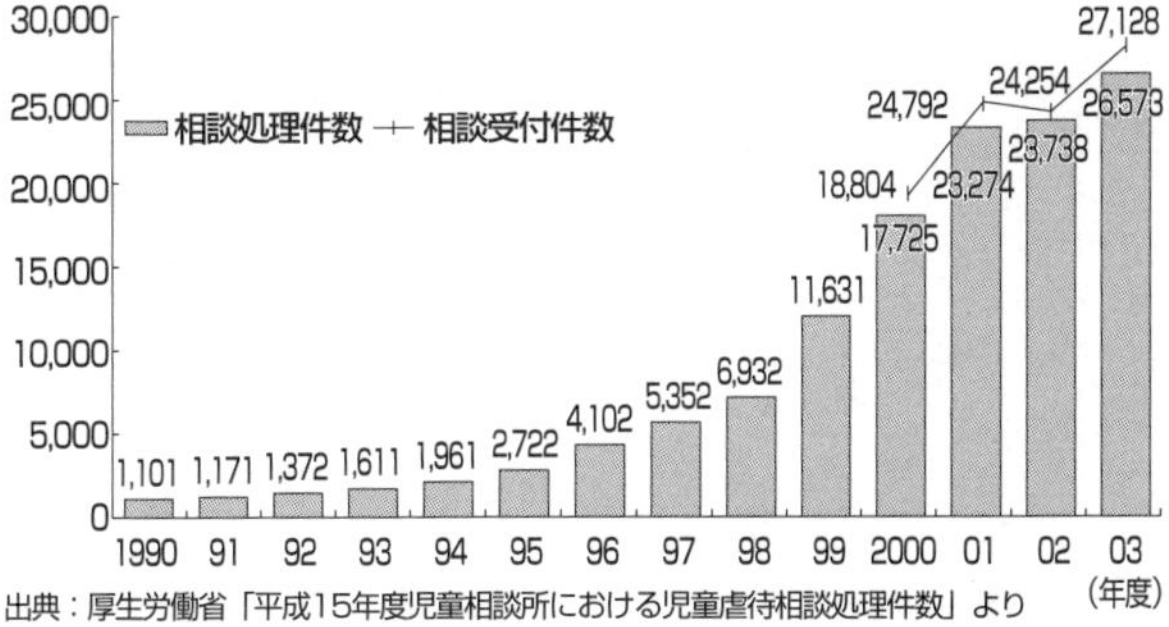

出典：厚生労働省「平成15年度児童相談所における児童虐待相談処理件数」より

図表0-11　高等学校の中途退学者数及び中途退学率の推移

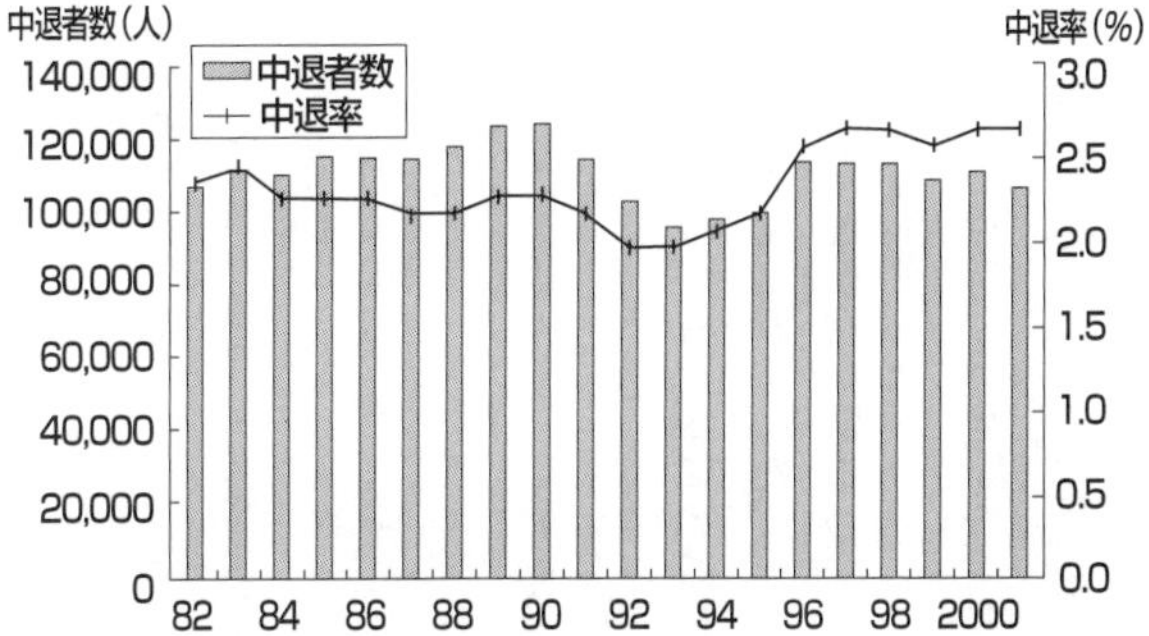

出典：文部科学省「生徒指導上の諸問題の現状と文部科学省の施策について」(平成14年)より

ているのだから、たくさん勉強をする子とあまり勉強しない子の格差が突然発生したとみることもできる。

労働の分野をみれば、増加傾向にあった失業率やフリーターが一九九九年に高い増加率を示している（132ページの図表17-1参照）。また、高校卒業生への求人倍率も、一九九九年に悪化している。

†一九九八年に何が起こったか

このように、一種類のデータだけではなく、様々なデータが、一九九八年前後（広く取れば一九九〇年代後半）に、大きな変化を示している。これは、単に一時的な現象でも、偶然の一致でもないと判断できる。つまり、大きな社会の変化がこの時期に生じ、その結果、様々な問題とされる行動や現象が起きていると考えられるのだ。

一九九八年を振り返ってみると、参議院選挙で与党自民党が振るわず、首相が橋本龍太郎氏から小渕恵三氏に代わった年として記憶されている。

また、経済的には、実質GNP成長率が、一九九六年の三・四%、一九九七年の一・七%から、マイナス一・一%の「九八年大不況」（原田泰氏による）の年であった。九七年一一月に北海道拓殖銀行、三洋証券、山一証券など金融機関の連鎖的倒産が起き、それを起

図表0-12　家での子どもの学習時間

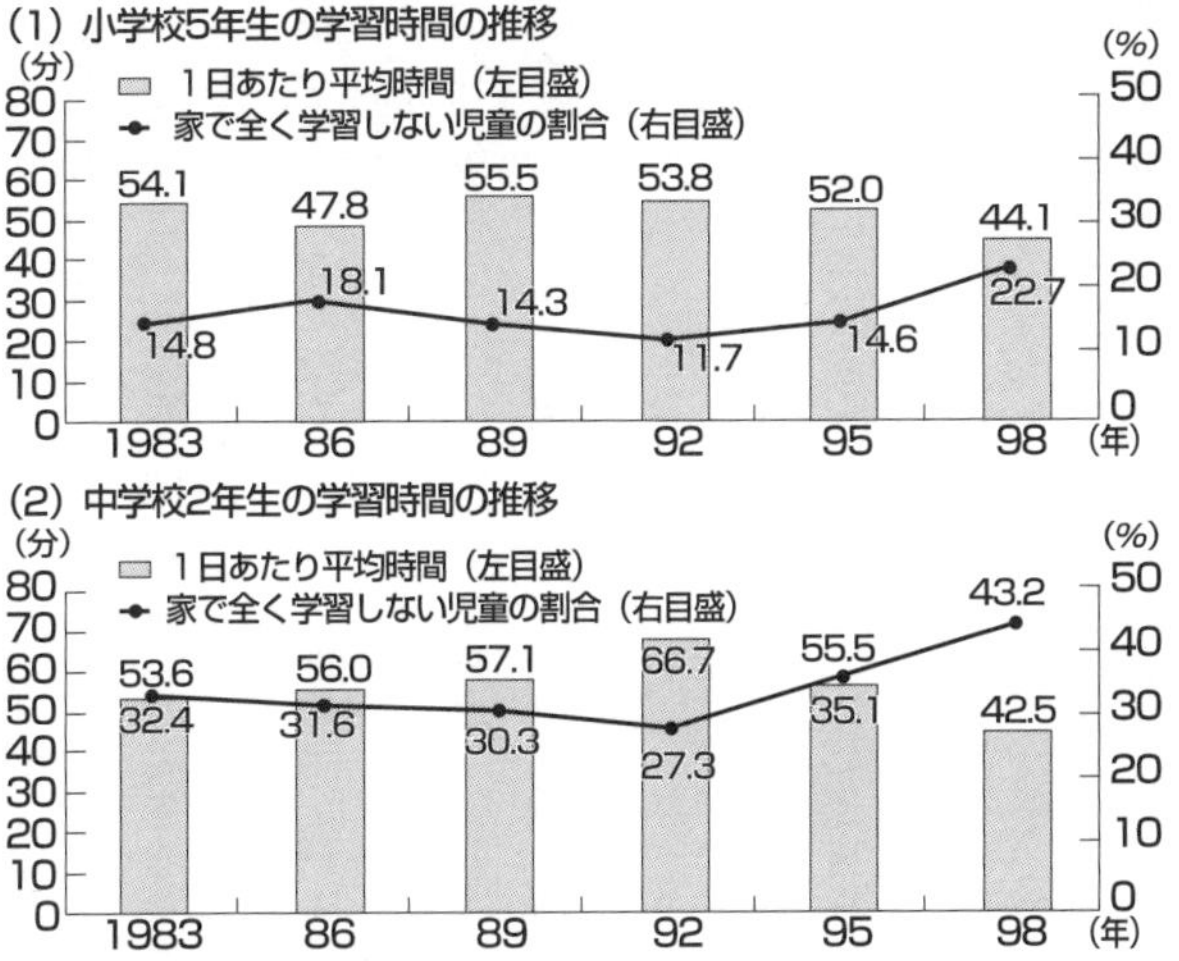

注：1.東京都「東京都子ども基本調査報告書」より作成。
　　2.「1日あたり平均時間」は，平日家で勉強した時間が「30分ぐらい」は30分，「1時間くらい」は1時間，「2時間くらい」は2時間，「3時間より多い」は3時間として算出した。
出典：図表0-12,0-13とも「平成13年版国民生活白書」

図表0-13　小学生と中学生の通塾率

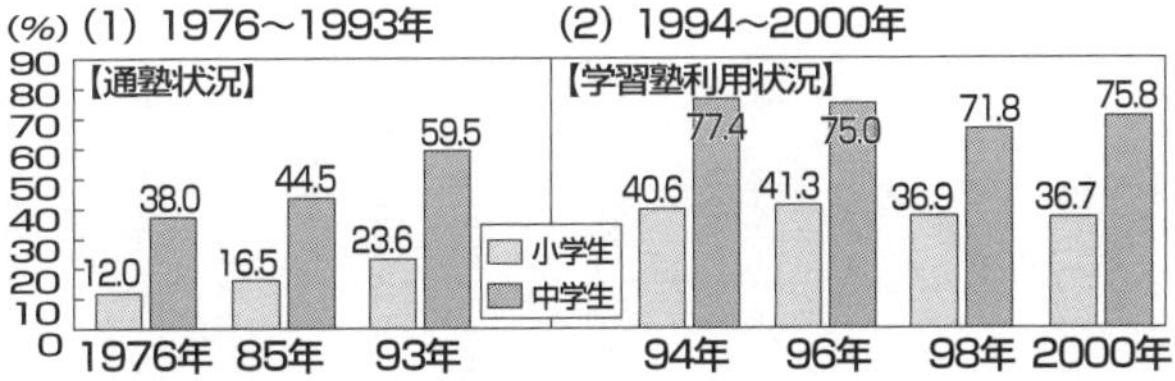

注：1.文部科学省「児童・生徒の学校外学習活動に関する実態調査」(1976,85年)，「学習塾等に関する実態調査」(1993年)，「子どもの学習費調査」(1994,96,98,2000年)により作成。
　　2.「児童・生徒の学校外学習活動に関する実態調査」および「学習塾等に関する実態調査」では，定期的に学習塾に通う子どもの割合を示している。

点に企業や金融機関の不良債権が明るみに出て、リストラという言葉が、実質上、「人員整理」と同じ言葉として使われるようになった時期である。

ここでは、その原因について議論することはしない。また、「経済的不況そのもの」が、自殺者数（144ページの図表19－1参照）をはじめとした一九九八年問題の原因とする立場は取らない。なぜなら、それ以前の不況期（オイルショックやバブル崩壊直後）には、このような問題が起きていないからだ。また、一九九九年、小渕内閣の下で経済成長率は多少回復し、更に、二〇〇四年前半時点で、日本の経済成長率が回復基調と言われているのにもかかわらず、自殺者数、フリーター数、青少年凶悪犯罪数などの数字に低下兆候が見られないからである。景気に多少変動があっても、一貫して、これらの数字が高止まりしているのだ。

つまり、一九九八年大不況をきっかけとして、何か、社会意識、特に、若者や青少年の社会意識に「構造的変化」が生じたと判断してもよいのではないだろうか。

†将来不安のドミノ連鎖

それは、「未来の不確実化」というべきものである。金融機関の倒産の影響は、単に、経済的問題に限定して考えてはいけない。社会心理的には、「大企業でさえも、倒産というリスクがある」ことが意識されたということを象徴している。そして、それに続く企業のリストラ・ブームは、企業が健在でも、解雇され、失業するリスクがある、いや、グローバル化した経済の中で、企業が生き残るためには、人員を整理しなくてはならないという事実を人々に意識させたのである。

一九九五年くらいまでは、年功序列賃金は期待できなくとも、企業に勤めれば、終身雇用は保障されると考えても間違いはなかった。しかし、一九九八年以降は、まず、企業に正社員として勤めること自体が難しくなり、入社できたとしても終身雇用が「確実」なものではなくなっている。

つまり、マクロ的にみれば、不況は不況に過ぎないが、社会的にみれば一九九八年に起きた不況は、単なる経済後退ではなく、「労働」のあり方が変化する「節目」の現象とみることができるのではないか。

私は経済学者でないので、その原因に関しては正確なことはわからないが、内外の経済学者や社会学者の著作から推定するに、グローバル化、IT化などによって、ニュー・エコノミーの浸透が日本にも始まり、雇用が不安定化した結果の現象だと考えられる（この点に関しては、ロバート・ライシュ『勝者の代償』、ジークムント・バウマン『リキッド・モダニティ』、そして筑摩書房から近刊の拙著『希望格差社会』参照）。

雇用が不安定化すれば、将来の生活設計をすることが難しくなり、未来が不確実化する。つまり、正社員も解雇不安を抱え、大学を出ても正社員としての就職があるのかと不安がつのり、小中学生は、苦労して勉強して高校や大学に入っても、どうなるかわからないという不安を抱える。つまり、将来不安のドミノ連鎖が始まったのだ。

ほんの一〇年前なら、青少年は、「幸福な未来」を夢見ることができた。しかし、一九九八年以降は、幸福な未来生活が描けない状況に直面している。

†未来の不確実化に直面して

つまり、一九九八年問題とは、将来の生活の不確実化に直面し、その不確実化に耐えられない人々が起こす問題だと考えられないだろうか。

近年増加している青少年や若年男性が起こす凶悪犯罪、特に、無差別に起こすものに、動機が理解できないものが多い。私は、それを「やけ型犯罪」、「自暴自棄的犯罪」、「不幸の道連れ型犯罪」などと呼んでいる。不幸を感じて、将来の見通しもなく、このまま生きていても仕方がないから、自暴自棄になり、幸福な人を道連れにして自分の人生を終わらせたいというケースが増えているような気がする。自分の子どもを虐待したり、強制わいせつでうさをはらすのもこれに当たろう。

ひきこもりや不登校は、人生の将来見通しが立たないから、社会へ関わることを避けようとした結果の現象だと解釈できる。

　これらの問題を解決するには、個々のケースに関わるだけでは不十分である。また、社会の構造変動に基づくものであるから、単に景気の回復だけで解決する問題ではない。青少年に将来の生活への確かな見通しをつける仕組みを国家的に作り出すことが必要なのではないか。

Ⅰ

永久就職は今や昔

平成結婚事情

1章「離婚、一分四九秒に一組」

うわさ話が嫌いな人は、まずいない。心理学の調査では、「うわさ話が好きです」という質問を、正直さを計る尺度としているくらいである。つまり、この質問に「ノー」と答えた人は、他の質問にも、本音ではなく、建て前で答えている可能性が高いというわけである。

うわさ話の定番は、「他人の家族生活」である。テレビのワイドショーの中心テーマはこれである。豪邸訪問や夕食拝見に始まって、芸能人の結婚・離婚、犯罪者の家族関係や生い立ちなど、他人の家族生活を見せる番組が放送される。新聞や雑誌では、家族そろって夕食をするのは何軒に一軒かといった調査結果が紙面を飾る。

よく、人のプライベートをあれこれ詮索するのはよくないと言われる。それは正しいのだが、他人が実際、どのように生活しているかは、よくわからないから知りたくなるのだ。

私の育った家は、朝はパンと決まっていた。中学生のとき、友人の家に泊まった翌朝、ご飯とみそ汁が出てきてびっくりしたことがある。いや、びっくりしたら逆に、友人一家にびっくりされてしまったというのが正しい。「朝からご飯を食べる家は多いらしい」と、そこで初めて気づいたのである。

自分の送っている家族生活がふつうなのだろうか、このままで大丈夫だろうかと思うことはよくある。そんなとき、人の話やうわさを聞いたり、マス・メディアの情報に接触しながら、安心したり、このままではいけないと思ったりするのが人間である。

そこで、本書では、二〇〇二―二〇〇四年の報道（新聞からワイドショーまで）を取りあげ、家族や社会、教育がどのように描き出されているかを考察していきたい。

†かつての日本は離婚大国

まずは二〇〇二年元旦の新聞からみてみよう。各紙、元旦には、厚生労働省が公表する前年の人口動態年次推計の記事を載せるのが決まりになっている。「未年生まれ〇人」といった、その年の干支生まれの人が何人いるかという記事が定番だが、毎年、前年に特徴的な人口の動き（出生や婚姻、死亡）を取り上げて見出しにしている。

二〇〇二年元旦の人口統計関係の記事の見出しは、ほとんどの新聞で離婚の増加に関したものであった。朝日は、「離婚一分四九秒に一組」となっている。二〇〇一年の日本での離婚数は二八万五九一一組（確定値、報道では、二八万九〇〇〇組）となった。それ（報道数字）で三六五日を割れば、平均一分四九秒に一組の割合で離婚届が出されていることになる。前年が約二六万四〇〇〇組（ほぼ二分に一組）なので、一年で二万二〇〇〇組増えたことになる。

翌二〇〇二年には、離婚数は、二八万九八三九組となり、二〇〇三年元旦の新聞には、「史上最高」という見出しがつけられることになる。二〇〇三年は、若干減少し二八万三九〇六組となった。離婚数は減っているが、婚姻数（二〇〇三年は七四万二二〇組）自体が減少しているので、離婚数を婚姻数で割った割合は、上昇し続けていることになる。

第二次世界大戦前の日本社会は、離婚大国と呼ばれていた。欧米では、キリスト教が長いあいだ離婚を禁止していたから、離婚は罪という意識が根強く残っていた（キリスト教以前のローマ帝国では、逆に離婚は多かった）。一方、日本の伝統社会では、離婚はけっこう頻繁に行われていたことが知られている。落合恵美子京都大学教授によると、江戸中期の東北地方のある農村では、離婚は、ほぼ結婚二組に一組と、現在のアメリカ並みの数字だったという（落合恵美子『近代家族の曲がり角』）。

戦後、日本では、離婚が減少した。一九六一年には年間六万九三二三組と、戦時中を除けば、最低となった。ちなみに、結婚数は年間約八九万組と二〇〇一年の結婚数約八〇万組よりも多かったのである。単純に割れば、一二・五組に一組という計算になる。

図表1-1　人口動態の年次推移

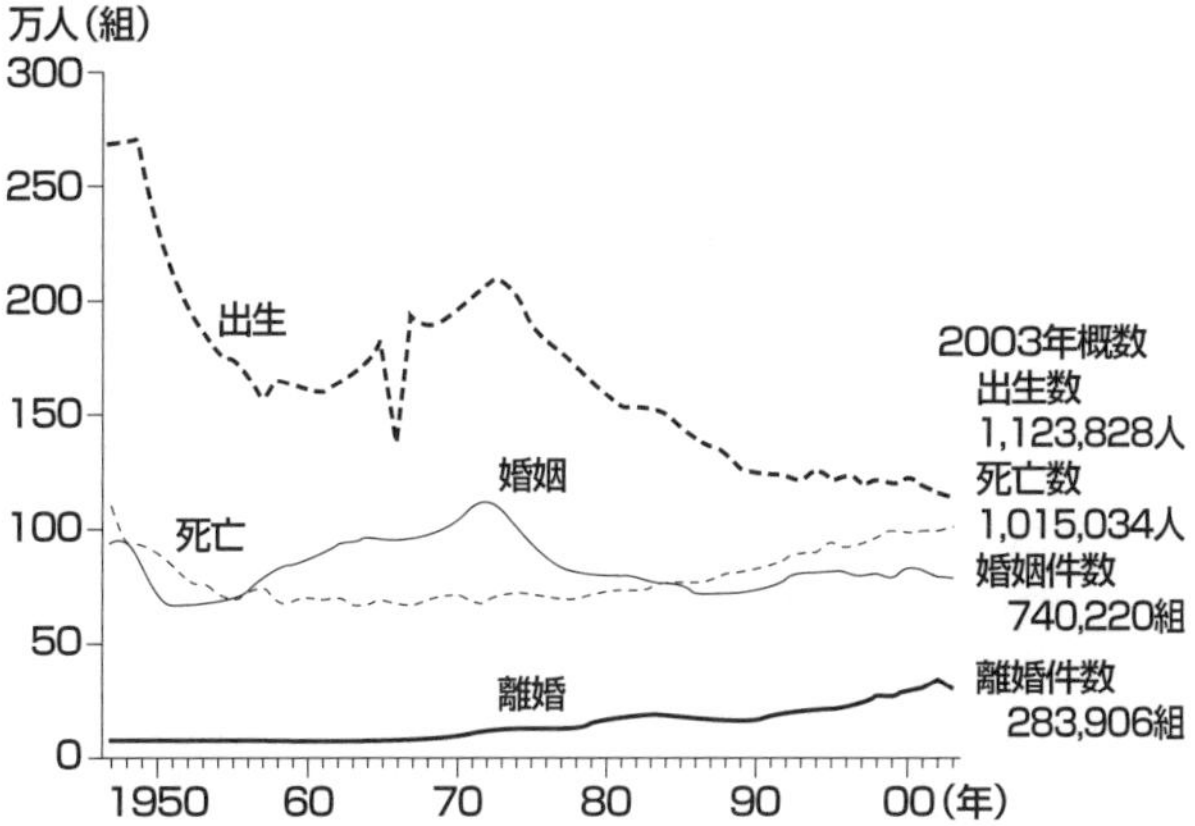

注：1972年以前は沖縄県を含まない。
2002年までは確定値。
出典：厚生労働省大臣官房統計情報部

欧米では、離婚法が各国で改正された一九七〇年ごろから離婚が急増する。日本では、その頃から漸増し、一九九〇年に一五万七〇〇〇組となった。しかし、一九九〇年代を通じて増加にはずみがつき、あっという間に、離婚率（人口当たりの離婚数）は、英独などヨーロッパ諸国に追いついてしまった。

†「いつでも離婚できるよう」

何分何秒に一組というのは、厚生労働省が好きな表現らしいが、あまり実感はわかない。確かに、お茶を飲んでいるあいだに日本のどこかで何組かのカップルが離婚していると言われれば、多い気がするが、実際どんな見当なのだろうか。

婚姻届が三組あったら、離婚届が一組以上出るという時代になったと言えばわかりやすいだろうか(ちなみに、この割合は、イギリス並みである。アメリカでは、結婚二組に離婚一組と見積もれば間違いない)。日本には、夫婦がだいたい三〇〇〇万組いるから、一年のあいだに一〇〇組中一組が離別するという計算になる。既婚の友達が一〇〇人いるとすると、一年の間に、一人は別れているはずである。

離婚する人の中には、「成田離婚」やタレントの葉月里緒奈さんのように、婚姻届を出して一ヶ月も経たないうちに離婚する人もいれば、定年離婚のように何十年も結婚生活を送った後に離婚する人もいる。一六歳の女性もいれば、七〇歳の男性も含まれる。ただ、統計を見ると、結婚後五年以内が大半を占めている。実際、人口学者の計算によると、現在六〇〜七〇歳くらいの人の離婚経験率(人生のなかで一度でも離婚を経験した人の割合)は、約一〇%と見積もられている。そして、今二〇歳の人は、三組に一組は離婚を経験すると予測されている。つまり、結婚式に三回出れば、うち一組は将来離婚するカップルに当たるということである(それが、どのカップルであり、いつ別れるかまでは予測できないが)。

離婚が増えた理由には、今回は立ち入らない。ただ、離婚がここまで増えたということは、離婚が決して特殊イベントではなく、だれにでも起こりうるできごとになったということである。言い換えれば、「あなたに起こるかもしれない」のである。

「私たちは仲がよいから離婚なんてあり得ない」と、今は思っているかもしれない。しかし、離婚した人だって、結婚するときは仲がよかったはずである。今、仲がよいことが、将来にわたって離婚しない保証にはならない。

結婚するときは、「いつ離婚しても大丈夫。いつでも離婚できるようにしておこう。たまたま離婚しなければ、これ幸い」と考える必要がありそうだ。

2章　二〇五〇年にお年寄り三五％超す

二〇〇二年一月三〇日、国立社会保障・人口問題研究所は、将来人口推計を発表した。これは、二〇〇〇年実施の国勢調査に基づき、日本の人口が、今後五〇年間どのように変化するかを予測するものである。

翌三一日の朝刊には、「五〇年後の日本の人口構成は――お年寄り三五％超す」（朝日）、「日本の人口〇六年がピーク」（東京）、「出生率一・三九に下方修正」（毎日）などの見出しが躍った。報道の中身は、少子高齢化の進行が加速し、お年寄り（形式上六五歳以上の人口）の割合が、二〇五〇年時点で三五・七％となる（二〇〇〇年時点では一七・四％）ことを強調しているものが多かった。

五年ごとに見直される将来人口推計に基づいて、年金などの保険料などが見直される。ただ、この推計は悪名高く、いつも外れるので有名である。それも、結果的に、現実にくらべ、推計は人口が多め（出生率が高め）に外れるので、故意に数字を操作しているのではないかという「うわさ」が絶えない。二〇〇四年六月に発表された二〇〇三年の合計特

図表2-1　日本の人口の推移と将来推計

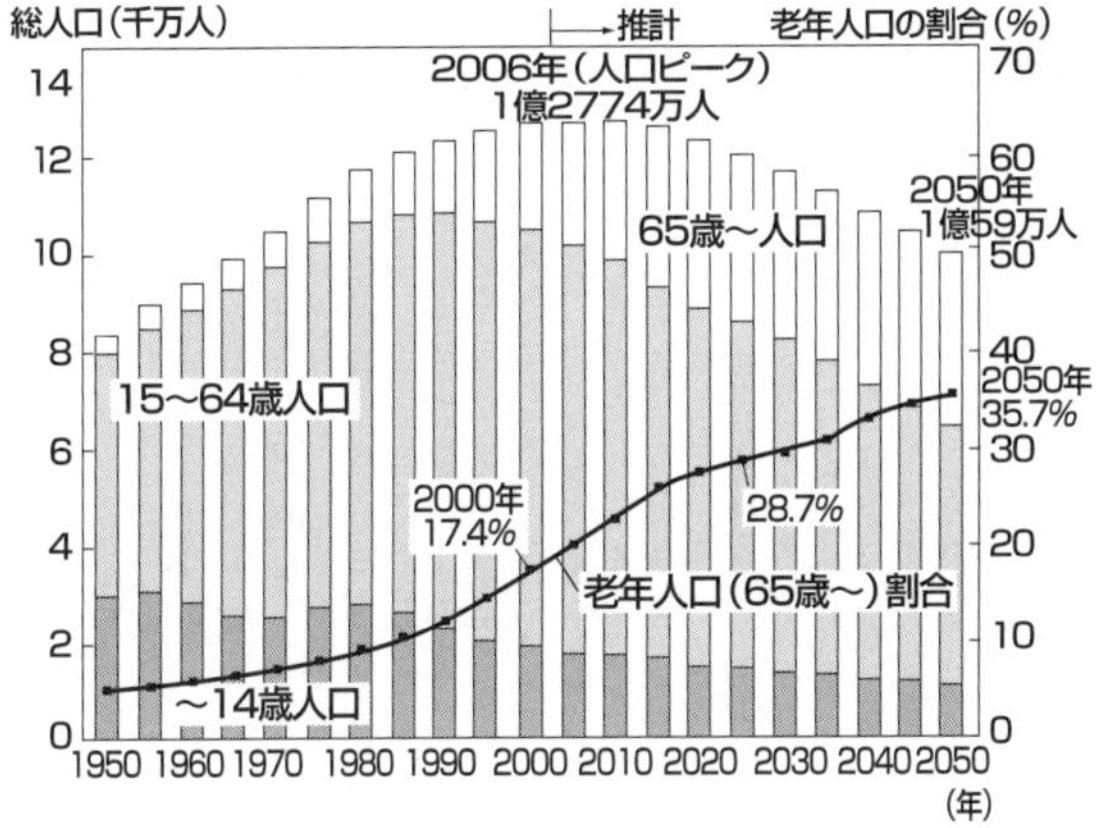

資料：2000年までは総務省統計局「国勢調査」，2005年以降は国立社会保障・人口問題研究所「日本の将来推計人口」（平成14年1月推計）〔中位推計〕

殊出生率が、一・二九と予測（一・三二）を下回ったので、その信用性に疑問符がついている。

実は、今回の推計には、私も専門委員の一人として、意見を述べている。研究所は、データに基づき、誠実に分析し、結果を出している。その点については、数字を操作しているということは断じてない。ただ、予測が外れるのは、社会の質的な変化を考慮できないからである。予測は、過去のデータをもとに、現在の趨勢を延長、つまり、現在の社会・経済状況がそれほど変化しないことを前提になされる。私が、一九九八年問題と呼んだように、ここ五年の変化は、量的というよりも、質的なものである。予測が外れても、それを研究所の責任に帰することはできないと思うがどうだろう。

†少子高齢化＝経済的な生活レベルの低下

五〇年後の日本社会を想像してみよう。人口は、ほぼ一億人まで減少する。三人に一人は六五歳以上の高齢者。さらに、七五歳以上の後期高齢者は約二〇％、つまり、五人に一人となる。女性の平均寿命は、八九・二二歳となり、二人に一人は九〇歳以上生きるという計算になる（男性は八〇・九五歳。二〇〇〇年時点では、それぞれ、八四・六歳、七七・六歳）。一年間で生まれる子どもの数は、六六万七〇〇〇人と、二〇〇一年（一一九万四〇〇〇人）の半分強となる。ちなみに、全人口の平均年齢は、五〇歳になる（二〇〇一年で、約四〇歳）。まさに、超高齢社会の出現である。

別に、人口が減って、高齢者が多くなってもかまわないではないかという意見がある。それは、「今のままの生活が維持できるならば」という仮定での話である。しかし、少子高齢化によって、人口構成が変化し、働く人の割合が相対的に少なくなる。かつ、要介護の高齢者が増えれば、介護する人が必要になる。ただでさえ、働く人が少なくなるのに、そのかなりの部分が介護者にまわるとするとたいへんな事態になる。日本社会の豊かさは、輸入と輸出で成り立っている。現役世代がいっしょうけんめい働いて、高度に加工された製品を買ってもらい、その代金で、食料や原材料、燃料を輸入して、豊かな生活を維持しているのだ。

今でも、高齢者の割合が多い過疎地域は、経済的に自立できていない。都市部で納められた税金や年金が投入されて、医療費や介護費に充てられているのだ。そのことが悪いと言っているわけではない。高齢化が進むことは、都市部も、徐々に、今の過疎地のようになっていくことだと思ってよい。地方では、高齢化率五〇％以上の地区も出てくるであろう。税金や年金を払う人は徐々に減ってくるから、もうほかの地域からお金を持ってくることはできない。つまり、資源小国日本における少子高齢化とは、経済的な生活レベルが徐々に低くなる状態を意味するのである。

問題は生活レベルの下降に、人々が耐えられるだろうかということにある。戦後から五〇年間、我々は、経済的生活レベルが上昇するのは当然だと思ってきた。これから五〇年間は、かなりの人は、生活レベルの下降を経験せざるを得ない。少子高齢化を前提にするならば、きょうより明日が「貧しく」なることを覚悟しながら、楽しく生活する工夫が必要になってくる。

†「こどものしあわせ」を願うからこそのパラドックス

次に、少子高齢化が起こる直接の原因を見てみよう。報道にもあったように、今回の推計で、夫婦一組当たりの子ども数の減少が確認された。一九六〇年ごろから一九九五年くらいまでは、夫婦一組当たりの子どもの数は、平均二・二人で安定していた。だいたい子ども二人を標準として、三人育てる人も二割はいるという状況だった。だから、一九七五年ごろから始まる日本の少子化は、未婚化（日本では、未婚女子が子どもを産む割合は統計上無視できるほど少ない）、晩婚化（遅く結婚すると子どもが少なくなる）によるものと考えてまちがいはなかった。

しかし、データによると、今の三十代（女性）の夫婦の子ども数が減っている。子ども三人なんてとんでもない、子どもを一人しか産み育てない夫婦が増えているのだ。

理由は、「子どものしあわせ」を願うからである。経済状況が芳しくない状況で、子どもに「世間並み」の生活を保障するには、子どもの数を絞るしかない。私が行ったインタビュー調査でも、男女を問わず「子どもにはお金がかかる」を連発していたのである。世間並みのレベルは、高くなってしまった。ピアノやスイミングのおけいこごとのひとつくらいは、させてあげたい、個室を持たせたい、大学まで行かせてあげたいと思うと、お金は際限なくかかっていく。そして、まわりの親がお金をかけているとき、自分の子どもだけかけないでいられるという親がどれだけいるだろうか。

自分の「子どものしあわせ」を願って、子どもの数を少なくするという行動が、結果的に、日本社会全体を「貧しく」して、子どもの将来の生活環境を「貧しい」ものにしてしまう。このパラドキシカルなサイクルに日本社会は入ってしまったように思える。

「子どもは社会の子だから社会で育てましょう」と口で言うのはたやすい。しかし、よその子のおけいこごとの月謝や学費を出してあげようとする奇特な人はまずいない。「子どもは、健康に育てばよい」と他人に対しては言える。しかし、自分の子どもとなると別だ、と考える人が多いのが現実である。

「自分の子どもだけは世間並み以上のお金や手間をかけて育てたい」という意識の克服ができない限り、少子高齢化は止まりそうもない。となれば、個々人の損得を超えて、社会的に子育てを支援する仕組みを早急につくらねばならない。

3章　四人に一人「できちゃった婚」①

「できちゃった婚」――誰が名づけたのか知らないが、これほど、現代日本の結婚事情を表すことばもない。民放のテレビドラマのタイトルにもなった。木村拓哉と工藤静香カップルをはじめとして、若い芸能人の結婚は、ほとんど「できちゃった婚」ではないかと思えるほどである。あるホテルでは、「タマゴプラン」と名づけて、できちゃった婚用の式・披露宴セットを用意しているし、マタニティ対応ウェディング・ドレスもよく売れているらしい。

†「結婚期間が妊娠期間より短い出生」

まわりで増えているという実感はあるが、統計的にどの程度増加していたかは謎であった。二〇〇二年三月一五日、厚生労働省が、「人口動態統計特殊報告」を発表し、「できちゃった婚」の実態が初めて明らかにされた。もちろん、官庁の報告書では、「できちゃった婚」の「で」の字も使用されていない。「結婚期間が妊娠期間より短い出生」の統計なのである。結婚式を挙げて（または、同居を開始して）から四三週以内に生まれた子どもをカウントしているのだ。

この定義では、世間一般の「できちゃった婚」に当てはまらないケースもある。結婚したら妊娠していたことが発覚した――つまり、妊娠を知らずに結婚していたケースも含まれる。逆に、子どもが生まれるのをきっかけに、婚姻届を出した同棲（事実婚）カップルは、今回の統計にはカウントされないが、「できちゃった婚」の部類に入るだろう。

公表データは、同居せずにセックスして妊娠し、後に結婚して産んだ人の数、及び結婚している夫婦から生まれた第一子（嫡出第一子）のなかでの割合を示している。これを便宜的に「できちゃった婚」の数として報道している。その数は、二〇〇〇年で約一五万人。嫡出第一子の数が約五六万九〇〇〇人だから、割合は、二六・三％となる（全出生の約一二％、結婚数の約二割）。そこで、新聞では、「四人に一人『できちゃった婚』」（日経）、「『できちゃった婚ベビー』四人に一人」（朝日）、「十代の母　八割『できちゃった婚』」（毎日）という見出しになったのである。

一九七五年時点では、約八万三〇〇〇人で、嫡出第一子の数は約六六万人だから、約一二・六％となる（全出生の約五％）。この統計を、第一子出生までの結婚月数別にみたのが、次ページのグラフである。

図表３－１　第１子出生までの結婚期間別にみた出生構成割合

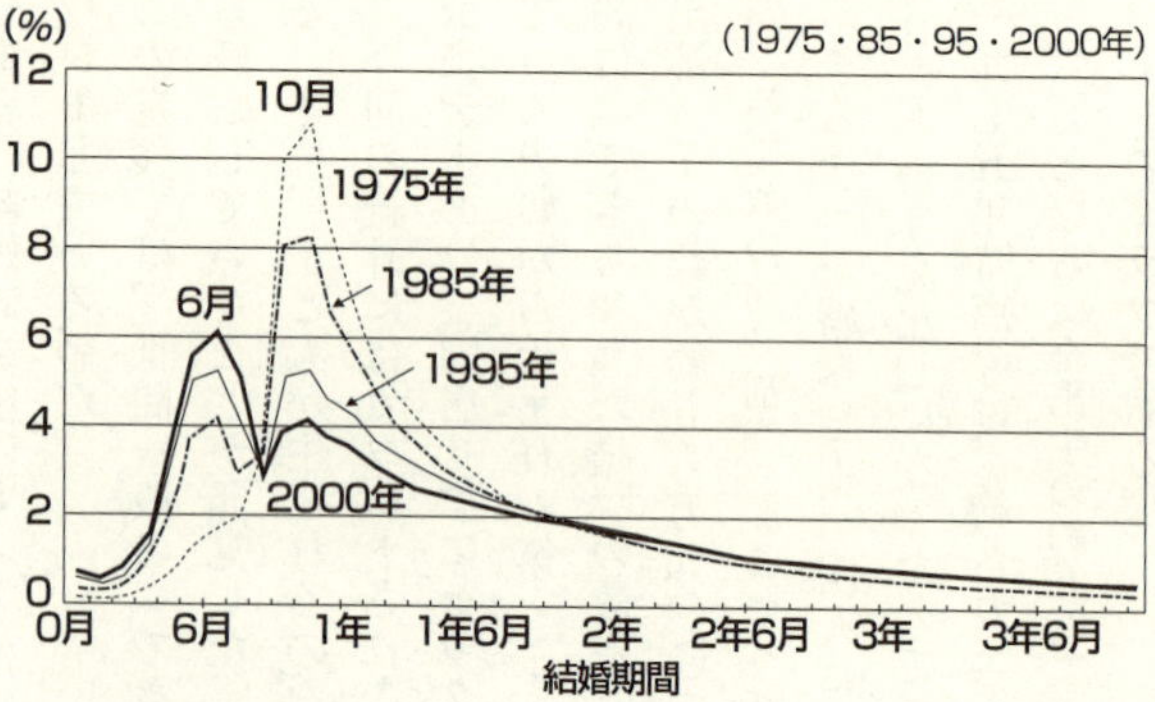

注：嫡出第１子についての数値。
結婚期間不詳を除いた総数に対する構成割合。
資料：2002年3月厚生労働省「人口動態統計特殊報告」より

これをみると、一九七五年の「できちゃった婚」の大部分は、結婚後九ヶ月の出生である。これは、避妊なしのセックスを結婚の一ヶ月前から始めたと解釈でき、妊娠をきっかけに結婚というわけではなさそうである。当時は、結婚後一〇ヶ月の出生、いわゆるハネムーン・ベービーが多かったことがわかる。

一方、二〇〇〇年では、結婚後六ヶ月の出生があらゆる出生月の中で最も多くなっている。妊娠に気づくのが三ヶ月ぐらいだとすると、あわてて婚姻届を出し、六ヶ月後に出産というパターンが多いのではないかと推察される。この点を考慮すると、妊娠をきっかけに結婚するという純粋の「できちゃった婚」は、近年、大幅に増加しているといえそうである。

†結婚するきっかけが見つからない

アメリカの記者に取材を受けたとき、「できちゃった婚」は、結婚に対する冒瀆（侮辱、insult）ではないか、と言われた。愛情が高まったら結婚するのであって、子どもができたことを理由に結婚するのは、まじめに結婚を考えない証拠であるというのだ。キムタクのケースも和泉元彌さんの場合も、自分たちで結婚を決めたのであって、妊娠が理由ではない、と取材には答えていた。まだ、多少の「うしろめたさ」がみられるのである。

しかし、今の時代、つきあっているカップルにとって、「結婚するきっかけ」がなかなか見つからないことも事実である。

既婚者に聞くと、結婚のきっかけは、「二人でいつもいっしょにいたかったから」というのが多いが、今の時代、結婚したらいつもいっしょにいられるとは限らない。結婚していないからといって、カップルの関係が浅いともいえない。ふたりで遊びに行くことはもちろん、セックスもできるし、いっしょに海外旅行だってできる。恋人時代のほうが、「好きなときにいっしょにいられ、いっしょにいたくないときには別々に過ごせる」のだ。生活のことを考えずに、純粋にふたりの関係だけを考えていられるから、無理せずにお互いをさらけ出せるのだろう。

恋愛関係と結婚関係に期待する愛情に、差がなくなり始めているとも言える。「結婚してからも、ふたりの間で〝ラブラブ〟でいたい」「恋人のようでいたい」という意見がよく聞かれるが、それは、結婚前の恋人時代に〝ラブラブ〟であったり、ときめいている状態を経験しているから、そう言えるのである。〝ラブラブ〟でいるためには結婚は必要ない。つまり、結婚したから愛情が深まるとか、結婚によって愛情が成就するとは思えない時代になったのである。

愛情が結婚の理由にならないとすると、つきあっているふたりが結婚する理由は、別のところに求めなければならない。それが、もう年であるとか、結婚する以外にやることがなくなったとか、一方が転勤してしまうとか、落ち着きたいとかである。それは、アメリカ人から見れば結婚に対する冒瀆になるのかもしれないが、日本人はキリスト教の影響を受けた欧米人と違って結婚を神聖視する伝統は薄い。

†妊娠は結婚の正当なきっかけ

そのなかで、妊娠したというのは、結婚するきっかけとしては、最も「正当」なものとなっている。妊娠しても結婚しないというのは、世間から見ればよくないこととみなされる。よくないことを避けることは、無条件で認められる。まわりや親、そして、自分自身に対しても、この決定は、「しかたがなかった」と言い聞かせることができるからだ。それは、結婚に対して、自分が決断したというスタイルを取りたくないという責任回避の姿勢が見え隠れする。いわゆる「できちゃった婚」のなかには、（一方、もしくは双方が）そろそろ結婚したいから、避妊せずに妊娠し、「しかたない」という体裁をとるというケースも相当含まれると推察される。

次章では、別の角度から、「できちゃった婚」をもう一度取りあげたい。

4章 四人に一人「できちゃった婚」②

前章では、「できちゃった婚」が増えているという実態と、結婚する理由がなかなか見つからないという点を中心に考察した。今回は、「できちゃった結婚」が増える理由と、その結果について考察してみよう。

約二〇年前、婚前のセックスが一般化し始めた頃、『ANO・ANO』(JICC出版局)という女子大生の本音の発言を収録した本が出版された。「妊娠したのだけれども」と相談する女性に対する友人の回答が、「中絶するかしないかは、セックスした時点で決まっていたはずよね」というフレーズだった。

「できちゃった婚」の裏には、婚前、避妊しないセックスが存在する。ただ、婚前の避妊しないセックスが、必ずしも、「望まない妊娠」とは限らない。前回指摘したように、結婚後八～九ヶ月後の出産は、望んで子どもを産んだケースもあるだろう。統計には表れようもないのだが、「できちゃった婚」の中にも、「望んだ妊娠」「望まない妊娠」の両方が含まれているはずである。

†妊娠＝結婚への最後のひと押し

つきあいが長くて、結婚も頭にちらつき、避妊をせずにセックスをして妊娠したので、そろそろ結婚するかというケースが増えているかもしれない。また、一方は結婚を望み、一方は望んでいなかったというケースもあるだろう。結婚を引き延ばしている男性に対して、「安全日」などとウソをついてセックスし、妊娠後結婚を迫るというドラマのようなパターンである（それを避けるために、避妊に過剰に熱心な男性も多くなっていると聞く）。

このふたつのパターンは、二〇年前に比べ、多少は増えていると思われるが、個人的にも社会的にも、問題にする必要がないと思われる。「セックスした時点で、産んで結婚すると決まっていたケース」に当たるからだ。妊娠が、結婚に向けての最後のひと押しになるケースである。

†「できちゃった婚」＝未婚の母への差別

問題は、「妊娠が望まないものであった場合」である。その場合、堕胎（人工妊娠中絶）、未婚で産む、既婚で産むという三つの選択肢がある。

約一五年前、私は、雑誌『婦人公論』と共同で、避妊と中絶の調査を行った。そこでは、望まない妊娠を経験した人のほとんどが、妊娠中絶を選択していた（そのうち約三分の二は、結婚後の中絶であったが）。約一〇〇〇人の妊娠中絶者のアンケートを読み返したところ、よく出てきたのが、「生まれてくる子がかわいそう」というフレーズであった。既婚者は、「こんな経済状態で三人めを産んでも、子どもに何もしてあげられないから」というように、経済的な理由付けをしている人が多かった。

一方、未婚（妊娠時）で妊娠中絶を経験した人は、「未婚で父親なしの子はかわいそう」という回答が目立った。また、「おなかが大きい状態で結婚するのは恥ずかしい」という意識が見られた。

近年、人工妊娠中絶数が特に減っているわけでもないが、「できちゃった婚」が大幅に増えている。これは、胎児は生命であるという意識が未婚の男女とも強まって、妊娠中絶を避けるようになり、結婚可能な場合は結婚するという意識が強まった結果であると同時に、「未婚で産むのはかわいそう」という意識がなかなか変わらない結果であるともいえる。

二〇〇〇年、NHK朝の連続テレビドラマ『私の青空』が放映されたとき、「未婚の母の子のくせに、あんなにしあわせそうに笑うのはけしからん」といった投書が来たそうである。「未婚の母の子はかわいそうに違いない」という偏見から、「差別されるに違いな

図表４-１　先進諸国における婚外出生割合

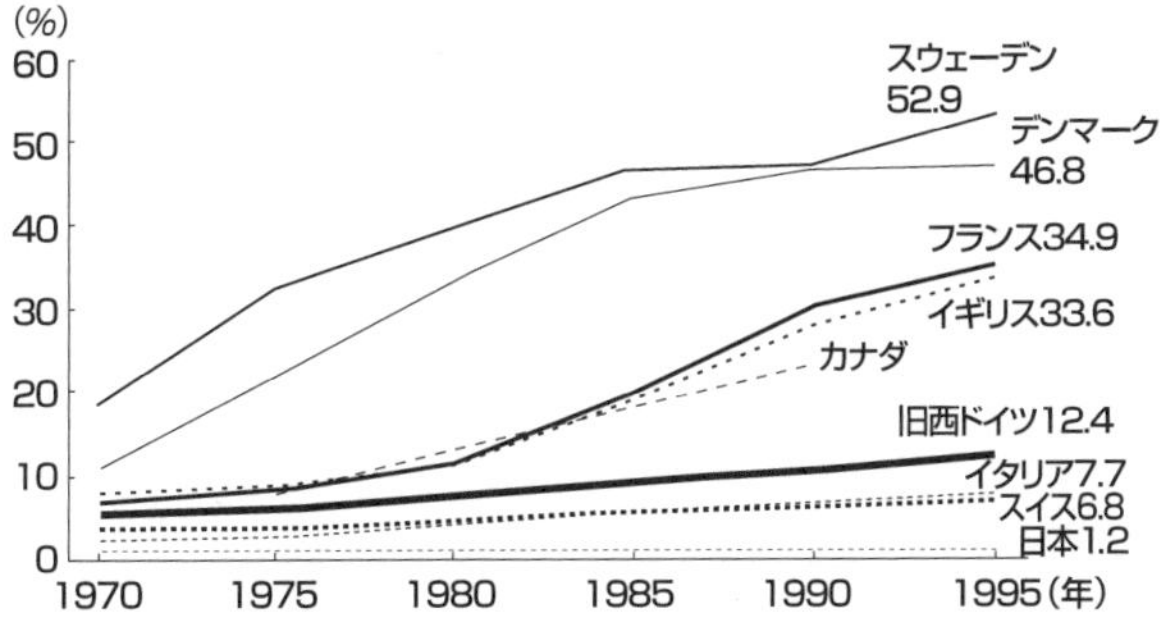

資料：Council of Europe, Recent Demographic Developments in Europe, 1992, 1994, 1996.

図表４-２　母の年齢階級別にみた結婚期間が妊娠期間より短い出生数及び嫡出第１子に占める出生構成割合

（1980〜2000年）

	結婚期間が妊娠期間より短い出生数（千人）						嫡出第１子に占める割合（%）					
	総数	15-19歳	20-24	25-29	30-34	35歳-	総数	15-19歳	20-24	25-29	30-34	35歳-
1980年	83	6	45	26	5	1	12.6	47.4	20.1	7.8	7.1	6.6
1985	103	9	56	30	6	2	17.3	61.5	31.2	9.8	8.3	8.8
1990	109	10	57	33	8	2	21.0	67.0	41.5	12.4	9.3	9.4
1995	125	10	65	38	10	3	22.5	73.9	47.0	14.2	9.2	10.0
1996	125	9	63	40	10	3	22.2	74.6	47.3	14.5	8.9	9.6
1997	126	10	62	41	11	3	22.6	77.0	48.7	15.0	9.1	9.2
1998	136	11	65	45	12	3	23.9	78.3	52.3	16.6	9.3	9.7
1999	141	11	65	48	14	3	25.0	79.8	55.1	17.9	10.2	10.1
2000	150	12	67	52	15	4	26.3	81.7	58.3	19.6	10.9	10.3

注：構成割合は、結婚期間不詳を除いた嫡出第１子出生数に対する数値である。
資料：2002年3月厚生労働省「人口動態統計特殊報告」より

い」という思いこみがつくられ、未婚で子どもを産む選択を狭めている。日本では、非嫡出子率（結婚していない女性から生まれる子どもの率）は、わずか一％強でしかない（図表4－1）。

男性が子どもの養育の経済的責任をとるためには、結婚という形をとる必要はない。同棲する、別居して養育費を払うなどの選択肢もある。実際、ヨーロッパでは、そのような形をとることが多い。しばらくいっしょに子どもを育ててみて、相手がかけがえのない存在と思えば改めて結婚するし、ダメだと思えば同棲解消となるケースが多いのだ。「できちゃった婚」という存在そのものが、未婚の母への差別意識の象徴というのは言い過ぎだろうか。

†若年「できちゃった婚」カップルへの支援の必要

次に、「避妊をせずにセックスしてしまう理由」について追究してみよう。先の一五年前の調査では、当時、未婚で避妊に失敗した人は「避妊を知らなかった」と言う人はほとんどいなかった。オギノ式など不確実な避妊法で失敗したという例もみられたが、多かったのは、「たぶん大丈夫に違いない」という思い込みであった。「初めてだから（避妊しなくても）妊娠しないと思った」「一年避妊しなくても大丈夫だったから、妊娠しないからだだと思った」というケースもあったのである。

「後先考えずに、とりあえず」というのが、避妊の失敗をもたらす意識なら、実は、「できちゃった婚」となる場合にもこのような意識があるのではないか。図表4−2を見てもわかるように、女性の年齢が低いほど「できちゃった婚」の率が高い。二〇〇〇年を見ると、第一子で生まれた子のうち、女性一五―一九歳では、八一・七%、女性二〇―二四歳では五八・三%が、できちゃった婚によるものである。

現在の若い人の経済状態は、不安定である。若い女性の夫が必ずしも若いとは限らないが、子どもを育てながらゆとりのある生活を求めるのは、なかなか困難な状態にあるだろう。

若年カップルの離婚が増えたり、子どもの虐待が増えたりする根本的な要因は、経済的に余裕のない生活の中で子どもを育てざるを得ない状況にあるからではないか。そう考えると、「できちゃった婚」の増大に対して、子どもを育てるカップルへの就労支援、経済支援などが切に必要になっている。

5章　卵子バンク開設へ

試験管ベイビー、代理出産にクローン人間、もう生殖医療技術に関しては何が出てきても驚かなくなっている。

日本のある医師が、「卵子バンク」を開設することを宣言したと報じられた（毎日新聞二〇〇二年六月二四日朝刊）。卵子の冷凍保存技術が確立し、卵子を採取後、好きなときに解凍して使用することが可能となる。

この技術を使えば、若いころ自分の卵子を採取しておき、理想的な男性が現れたら、解凍してその男性の精子と試験管で受精させ、自分の子宮に戻して出産できるというのが、「売り」になっている。だったら、理想的な男性が現れた時点でセックスすればよいではないかという反論は当然でてくるが、そこは、「医療」技術である。四〇歳を過ぎれば、卵巣の機能は低下し排卵しにくくなるが、子宮の機能は高齢になっても健全である場合が多いから、高齢出産に備えて若いときの卵子を保存しておきたいという要望に応えるものであり、二十代、三十代に仕事を続けたい女性にとって朗報であるとその医師は主張している。

†精子・卵子・子宮のあらゆる組み合わせが可能に

ただ、技術はひとり歩きする。理想的な精子と受精させた卵子を戻す先は、自分の子宮でなくてもいいのだ。二〇歳ころに自分の卵子を凍結保存しておき、適当な時期に理想的な男性の精子を買って受精させ、他人の子宮に移植して産んでもらうこともできる。これが進めば、優秀な頭脳を持ち容姿に優れた女性の凍結卵子を男性が買って、自分の精子と受精させ、だれか女性を雇って「代理出産」させるという事態も起こってくるだろう。精子バンクから優秀な遺伝子を持っているはずの精子を買って人工授精によって自分で出産する独身女性に比べれば、子宮をもった女性に頼む分だけ手間がかかるが、独身（別に既婚でもいいが）男性が、望んだ資質をもち自分の血を分けた子を儲けられる可能性も拓けたのである。

日本では、産婦人科学会の倫理規定によって、卵子を凍結保存できるのは既婚女性に限ることになっているが、あくまでガイドラインであり、これに反しても処罰されるわけではない。

生殖医療に関しては、「なんでもあり」の時代に入っている。体外受精技術が実用化されたのが約二〇年前、今では、自分と同じ遺伝子を持ったクローン人間だってできる時代である。「精子は自分、卵子は他人、子宮は妻」「精子は他人、卵子は姉妹、子宮は自分(未婚)」など、未婚、既婚、男性、女性を問わず利用でき、精子、卵子、子宮であらゆる組み合わせの子どもをつくることができる。

†子どもの権利・医療の論理

このような事態に直面して、日本では、主に、法的、倫理的側面から議論されることが多い。法制審議会(法務省)では、他人の精子や卵子を使って生まれる子の法的地位に関する議論がなされており、他人の卵子を使っても実際に出産した女性が法律上の母であるとの方向性が示されている(朝日新聞二〇〇二年六月二六日朝刊)。また、厚生科学審議会(厚生労働省)では、人工授精で生まれた子どもに、遺伝上の父を知る権利を認める方向で議論が進んでいる。一方、評論家や哲学者、宗教家などが、このような生殖技術を利用することの倫理的是非を論じている。

生殖技術を推進する医療関係者側の論理は、希望する人がいるから進めているだけであって、「人助け」の一種であるというものである。クローン人間だって、それをつくりたいという人が存在する以上、手助けするのは当然、卵子を冷凍保存したい人がいれば、その望みをかなえるのが医師の役目であると。

†DNA信仰への疑問

私が関心があるのは、生殖技術を利用してでも「自分の」子どもをもちたいという「願望」の強まりのほうである。子どもをもちたい、育てたいという欲求で説明されることが多いが、別に、それが自分の遺伝子をもった子である必要はない。

日本では、戦前までは、養子が非常にさかんであった。だいたい、カップルの一割近くは不妊症に悩むという。その比率は、昔から変わるわけではない。近代医療の発達前は、流産や乳児死亡率が高く、子どもがいない夫婦は珍しくなかった。

それでも、家業を継がせたい、墓を守ってもらいたいと思う夫婦には、養子が一般的に行われていた。江戸時代の農家に関して、次のような例が報告されていた。ある男性が嫁を迎えたが、三年で子どもが生まれなくて離縁し、別の女性を嫁に迎えた。しかし、二番めの妻にも子どもが生まれず数年で離婚、三回めの女性も数年で離婚と繰り返したあげく、結局、養子を迎えたという実例である。離縁された各妻は、別の男性と再婚したのちに、子どもを出産していることが確かめられている。この事例を扱った研究者は、これは、明らかに男性に原因がある不妊で、「あきらめきれず」何度も再婚することになったのだろ

図表5-1　年次別にみた乳児死亡率及び新生児死亡率

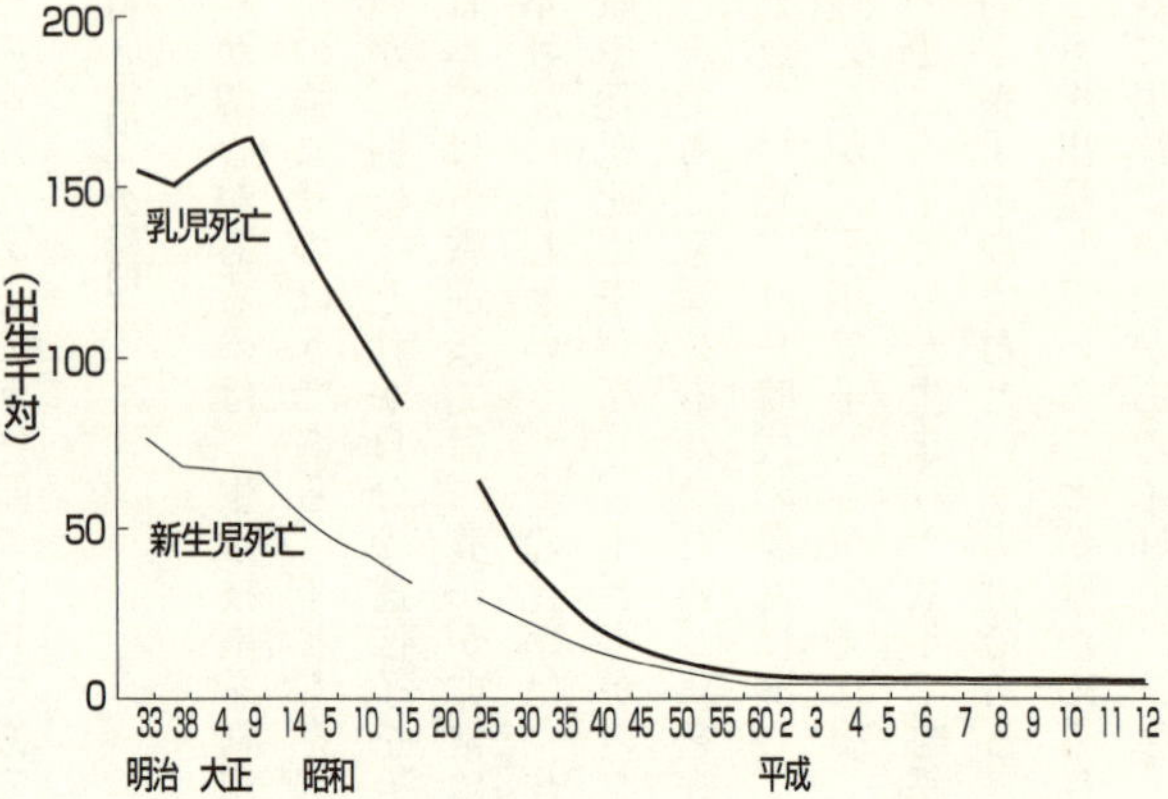

注：乳児死亡率＝$\frac{\text{乳児死亡数}}{\text{出生数}}$×1,000　新生児死亡率＝$\frac{\text{新生児死亡数}}{\text{出生数}}$×1,000
資料：厚生労働省「人口動態統計」

うと推察している。

戦後、日本では、未婚の子どもを養子として迎えるケースが激減した。これは、女性の健康状態の改善という効果の他、生殖技術の発達によるものである。いわゆる人工授精は、男性に原因がある不妊に対処する一般的な技術となっている。

ただ、医療技術の発達は、不妊の夫婦に朗報をもたらすと共に、出産を「あきらめにくくした」ことは確かである。医療技術利用すれば、自分のDNAを残すチャンスがあるのに、それをしないのはおかしいという〝イデオロギー〟が広がっていないだろうか。

私には、自分のDNAへのこだわり

が広がっているようにみえる。自分のＤＮＡを残したいというのは、人間の本能だろうか。本能だとしても、抑えることができない本能であろうか。生殖技術発達の裏には、「ＤＮＡ信仰」というものが存在する気がしてならない。

遺伝のしくみやＤＮＡの存在は、近代科学の発達によってはじめて明らかになったものである。近代科学の先端が、ＤＮＡ信仰という「非科学的」なものに結びついているところが興味深い。

私は別に養子を勧めているわけではないが、子どもを育てる喜びは、自分の血を分けた子どもでなくても実感できる。「産みの親よりも育ての親」という日本のことわざを、もう一度かみしめたい。

6章　バレンタイン、手作りで「友チョコ」

†日本社会のみごとな発明、バレンタイン・デー

「バレンタイン・デー」とは、日本社会にとってなんとすばらしい発明品であっただろうか。本来の目的や意義を離れて、次から次へと居場所を見つけて生き残っていくさまは、みごととしか言いようがない。

二月一四日は、バレンタイン・デーで、女性から男性へチョコを贈る日というのは、日本人の常識の一部になっている。そして、この習慣は、日本にしかないということも、読者をはじめとして、多くの人は知っていると思われる。知っていてもやめられない、これが、バレンタイン・デーの魅力かもしれない。

†密やかな結婚式――聖バレンタインの意図

セント・バレンタインというキリスト教の聖人が、今から一八〇〇年近く前、ローマ時

代にいたことは確かで、結婚の聖人（一神教だから、神様はひとりしかいない、だから、キリスト教では、日本の八百万の神様の役割を聖人が果たしている――塩野七生氏の著作による）であることも確かである。当時は、ローマ帝国の兵士たちは除隊まで正式な結婚は許されない。しかし、駐屯地の女性とのあいだに交際があり、子どももどんどん生まれた。除隊後（多くは四十代）正式に結婚するのだが、正式な結婚前にセックスすることをふしだらとみなした神父バレンタインが、密かに結婚式をしてあげたというのが起源らしい。つまり、結婚前の交際はふしだらだからやめさせる代わりに正式な夫婦にしたというのが、聖人バレンタインの本来の意図である。

いつからか、結婚の聖人が恋愛の聖人となり、カップルの愛を確かめるために、夫婦や恋人同士で贈り物を交わす日となったのが、キリスト教国である欧米のバレンタイン・デーである。一〇年前、私がアメリカに留学中、バレンタイン・デーには、おしゃれなレストランは満杯になり、花やチョコレートが飛ぶように売れていたことを今でも覚えている。ただ、アメリカでは、基本的に男性が女性にプレゼントするのだ（それも、たいがいは、夫が妻に）。

†恋愛結婚少数派時代の夢見る道具

女性がバレンタイン・デーに、男性への愛の告白をチョコに込めてという習慣が日本で生まれたのは、一九五八年のことである。東京・新宿の伊勢丹デパートで、メリーというチョコレート会社が、以上のコンセプトでプレゼント用チョコレートを売り出した。当時はほとんど売れなかったそうである。しかし、そのうわさは徐々に広がり、一九六五年ごろには、そのような習慣の存在を多くの日本人が知るようになった。

だいたい、当時の日本は、女性から男性への愛の告白どころか、恋愛結婚でさえ少数派の時代である。男女交際が受験勉強の害になると言われたり、一対一ではなくグループ交際でお互いの考え方を知りなさいなどと学習雑誌で喧伝されたりしていた。カップルを作っている中高生も、クラスでひとりふたりいたかどうか。大学だって、男女交際よりも政治活動に熱心だった時代だし、社会人でつきあったら恋愛らしい恋愛もせずに、すぐ結婚していった。

その中でのバレンタイン・デーのチョコは、ロマンスという夢をみる道具としての意味を持っていた。四十代の読者の中には、中高生のときにチョコを渡すか渡さないかで悩んだ女性の方や、もらえるかもらえないかでドキドキした男性の方がいるにちがいない。恋

図表6-1　チョコレート推定販売額の推移と
バレンタイン・デーの販売額の割合

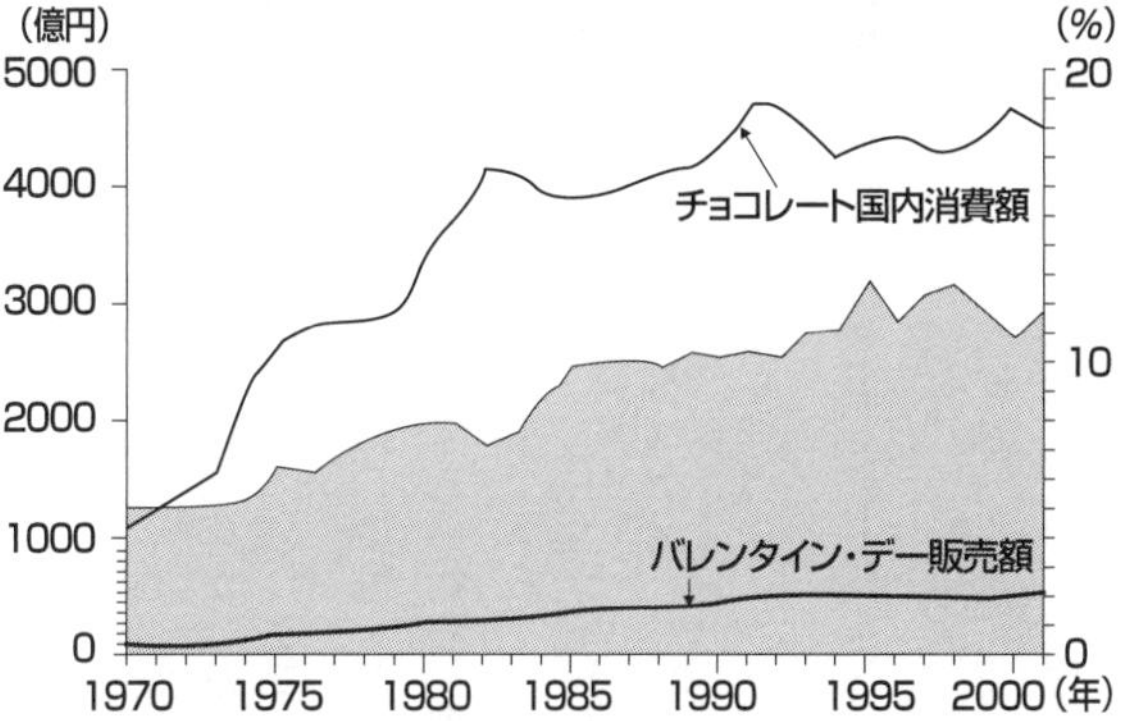

=国内消費額に占めるバレンタイン・デーの販売額の割合の推移。

出典：日本チョコレート・ココア協会ホームページ統計表より作成

愛は、遠い夢の世界のできごとだったからこそ、ドキドキする体験が味わえたのだ。

結果的に、「バレンタイン・デー」といえば、女性から男性にチョコレートを渡すことによって告白する日として理解されるようになった。その後、一ヶ月後に男性がお返しをする日としてホワイト・デーが発明され、お世話になっている人に配る義理チョコが発明されるというまさに、お返し、義理という日本的コンセプトとともにバレンタイン・デーが広まったのである。

†現実が夢を追い越す

現実が夢を追い越すには、そう時間はかからなかった。今は、義理チョコさえも廃れ始めたという。女子高校生にとっては、

「女の子同士で手作りチョコを交換する友チョコが主流になっている」(朝日新聞二〇〇二年二月九日朝刊)そうである。記事では、二〇〇〇円くらいで材料を買い、一~三時間かけて二〇個以上作って、友達に配るそうである。

女子高校生のセックス体験率が三割を超える今、バレンタイン・デーに「ときめく」など過去のこと。本命チョコは、すでにつきあっている人にあげるものとなっている。だいたい、この日を待って告白の準備をしているあいだに、他のライバルに先を越されてしまう。バレンタイン後につきあい始め、翌年のバレンタイン・デーが来る前に別れる一年未満のつきあいは日常茶飯事である。

「好きな男性に告白できる日」というバレンタイン・デーの日本的な意味は、完全に形骸化してしまったし、欧米のカップルのようにプレゼントを交換する日になってはいない。だからといって、バレンタイン・デーは、衰えない。

†女性自身のためのチョコレート・デー

小学校から高校までの女子生徒にとっては、手作りチョコを交換して、女性同士の友情を確かめ合う日となった。では、大学生や社会人女性にとってはというと、おいしいチョコを食べる日となったのである。この時期になると、女性誌でチョコレート特集が組まれる。おいしいケーキハウスやチョコレート店の名品が披露され、中には、海外のチョコレート店を紹介するのもある。そこには、「味のわからん男性に贈るのはもったいない、贈るついでに友達同士で食べましょう」というメッセージが透けて見える。

という具合に、女性が男性に告白という革新的なメッセージで始まったバレンタイン・デーは、日本のブランド好き、手作り好きの女性たちの手にかかると、チョコをめぐっての一大イベント・デーになってしまうこととなる。

これも、日本の伝統の変質現象として見れば、おもしろい題材なのである。

7章　大学・短大、増える募集停止

二〇〇三年に学生の募集を停止する大学・短大が八校、〇三年度までの四年間で一七校にのぼり、朝日新聞は「倒産時代迫る」（二〇〇三年三月一三日夕刊）と報じた。一見関係ないようにみえる「家族のゆらぎと大学・短大募集停止ニュース」の関係を読み解くのが、本章のテーマである。

私も大学に勤める人間として、このニュースは他人事ではない。募集停止には至らないまでも、定員割れの常態化、学生の大部分が中国などアジアからの留学生である大学など、経営的に危ない大学が急増している。

†地方・私立・文学系・女子・短大に廃学の動き

募集を停止している大学・短大の大部分が、文科系、特に文学・語学系つまりは、国文学や英・独・仏文学科、そして、それを名称変更した日本文化学科、国際コミュニケーション学科などである。特に、「地方」にある「私立」「文学系」の「女子」「短大」に廃学の動きが著しい。この五要素のうち、三つ以上当てはまれば、経営的に苦しくなっていると見てまちがいない。大都市圏以外の地方は、過疎化と少子化により地元の生徒数が減少している。私立は、国公立に比べ、学費が高い。文学系では、大学で得た知識が「直接」仕事の役に立たない。男女別学の魅力が減少している。四年制大学の入試がやさしくなり、あえて、短大を選ぶ必要がない。

このような悪条件が重なれば、いくら優秀な教員がいて、いくらりっぱな設備があり、先進的なカリキュラムを組み、経営陣や事務局ががんばっても、なかなか受験生は集まらない。たとえ、共学四年制大学に転換しても、「立志館大」のように、不利な条件ゆえ、結局は、募集停止を余儀なくされたところも出てきた。

受験生から敬遠される理由は明白である。就職実績の低下である。それも、単なる不況のせいではない。構造的に、文科系女子短大の卒業生の就職先がなくなっているのである。結局、フリーターや派遣社員、零細企業従業員となって、高卒の人と肩を並べ、かつ、将来の見込みのない職に就かざるを得ないならば、行ってもしかたがないと思う生徒（その親）が増えるのも当然である。そして、就職難状況は短大だけではなく、四年制文科系共学大学にまで及んでいる。

そこに、現代社会の変化、とりわけ、家族のあり方の変化がからんでいるのだ。

今まで、なぜこのような大学が生き残るだけでなく、「繁栄」してきたのだろうか。その点を考えてみよう。

†大学進学と家族のあり方の相関

経済の高度成長期（一九五五～一九七三年）に、大学進学率が上昇する。男子の進学率は、その後頭打ちになるが、女子は、その後も進学率が上昇し、男子を抜くまでになる。その受け皿となったのが、文科系女子大（津田塾大等一部の〝名門〟女子大を除く）や女子短大なのである。

男性が進学するひとつの目的は、大手の企業に入ってサラリーマンとなり、終身雇用と年功序列が保証された職場で働き、より豊かな家族生活を営むことである。

一方、短大や女子大の卒業生の進路の典型的パターンは、企業の一般職となり、そこで、職場結婚し、退職。子どもが小さいうちは、専業主婦として家事・育児に専念し、子どもが大きくなってもせいぜいパート、夫の給料が十分ならば、豊かな生活を享受しながら、趣味やボランティア活動を楽しむことができる。

文科系の短大や女子大に進めば、サークル活動などで、男子大学生と知り合う確率が高

図表7-1　学校種類別進学率の推移

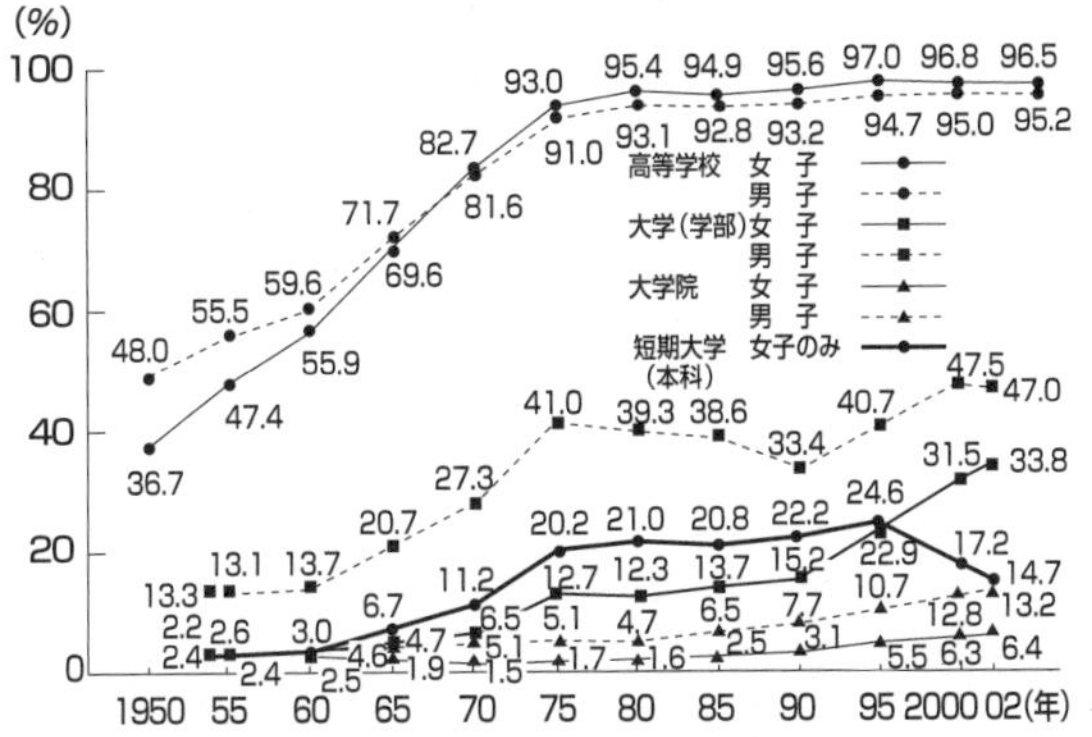

注：大学，短期大学は3年前の中学卒業者数で，大学，短期大学入学者数を割ったもの。大学院はその年の大卒者の進学率。
出典：『男女共同参画社会の実現を目指して』（内閣府男女共同参画局）

く、また、一般職として一流企業に入れば、一流企業の社員と職場結婚する確率が高く、お見合をすれば、「女子大、短大を出た教養あるお嬢様」ということで、結婚相手としての価値が高まる。夫となる男性は、妻となる女性に仕事に役立つ知識を求めるわけではない。子ども（特に男の子）をよりよく教育するための「賢さ」を求めたのである。

　当時は、下手に実学系の大学（短大、看護学校も含む）に進めば、実習等で忙しく男子学生との交際ができないし、女性が多い職場に勤めれば高収入サラリーマンとつきあう機会は減る。逆に、男性と肩を並べあまりに偏差値の高い共学大学に行けば、男性から「頭が上がらない」と結婚相手として敬遠される。

それゆえ、文学系の短大、女子大、芸術系の大学、学部は、日本における（比較的収入が高い）サラリーマンの妻である専業主婦の供給源となっていたのだ。これは、首都圏や京阪神などの大都市圏に始まり、徐々に、地方都市へと波及していった。地方においては、地方銀行、信用組合、大手企業の出先機関等のサラリーマンの妻になるには、地元の短大を出て、一般職として当該企業に就職することが有利だったのである。

†短大・女子大卒業生の経済構造の転換

これらの短大、女子大の卒業生の行き場がなくなったのは、まさに、サラリーマン―専業主婦型家族が維持できなくなっていることを意味している。経済の構造転換により、年功序列・終身雇用体制が徐々になくなり、男性の雇用さえも不安定になっている。ということは、専業主婦を養うことができる若い男性サラリーマンの数が、少なくなることを意味している。

若年男性の方も（一部のエリート男性を除けば）、本音では、「お金がかかる」お嬢様の専業主婦よりも、子育て終了後に働いて家計を助けてもらうために、看護師、薬剤師、栄養士、保育士など資格をもって稼げる女性を配偶者に望む傾向が強まっている。特に、地方に行くとその傾向は顕著である。国立社会保障・人口問題研究所の調査（二〇〇二年）によると、もう、妻に一生専業主婦であってほしいと思う未婚男性はわずか一八％まで激減している（一九八七年―三九％）。

それゆえ、文科系女子短大の人気がなくなっているのは、単に卒業後の就職先がなくなったからではない。就職できなくても、安定した収入のある男性と知り合って結婚するルートさえ確実であれば、人気はここまで落ちなかったはずである。就職後の人生設計における「専業主婦コース」が無理になりつつあることが、大学倒産時代の原因なのである。

†短大からの中学への転用・転身

廃校を決定した明の星女子短大（さいたま市）は、その施設を転用し、付属中学校を新設した。付属の浦和明の星高校は、進学実績のある女子校である。二〇〇三年から始まった中学入試には、定員一六〇人に対し、なんと、一五〇〇人を超す応募があった。短大の先生は、中学校の先生に転身できず退職を余儀なくされたそうである。その理由は、たとえ免許はあっても、進学校の先生は勤まらないというものだそうだ。

Ⅱ

欲しいモノがない

子ども社会の変容

8章　三人に一人は夢がない

「くもん子ども研究所」は、小学生から高校生を対象に、ファックス調査を行っている。二〇〇一年五月の調査結果が発表され、日本経済新聞では、「三人に一人は夢がない」と報じた（日本経済新聞二〇〇二年五月二五日朝刊）。夢があると回答したのは、六六・四％で、ほぼ、三分の一の子どもは、夢がないと考えているというデータである。

次ページの図表を見ていただければわかるように、男性より女性の方が、中高生より小学生の方が、夢をもっており、中学生男子では、ほぼ半数の子どもが夢がないと回答している。

政府の少子化対策のキャッチフレーズで、「子育てに夢をもてる社会を」というのがあった。しかし、育てている子ども自体が夢をもっていないのに、どうして親が夢をもてるだろうか。

子どもの夢というと、サッカー選手になりたいとか、ピアニストになりたい、ノーベル賞をとってみたいというのを思い浮かべる。しかし、そのように答えられるのは、小学校

図表８－１　夢が「ある」と答えた割合

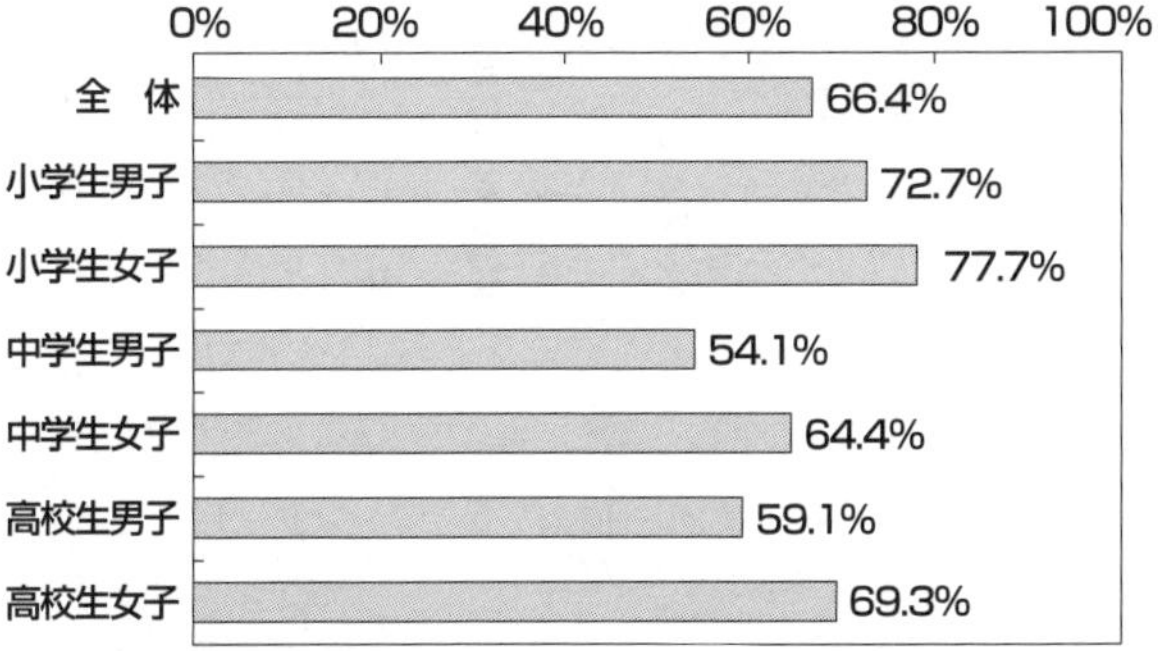

資料：からざレポート2001 vol.5
　　　2001年版くもん子どもファックス調査

図表８－２　夢を話す相手

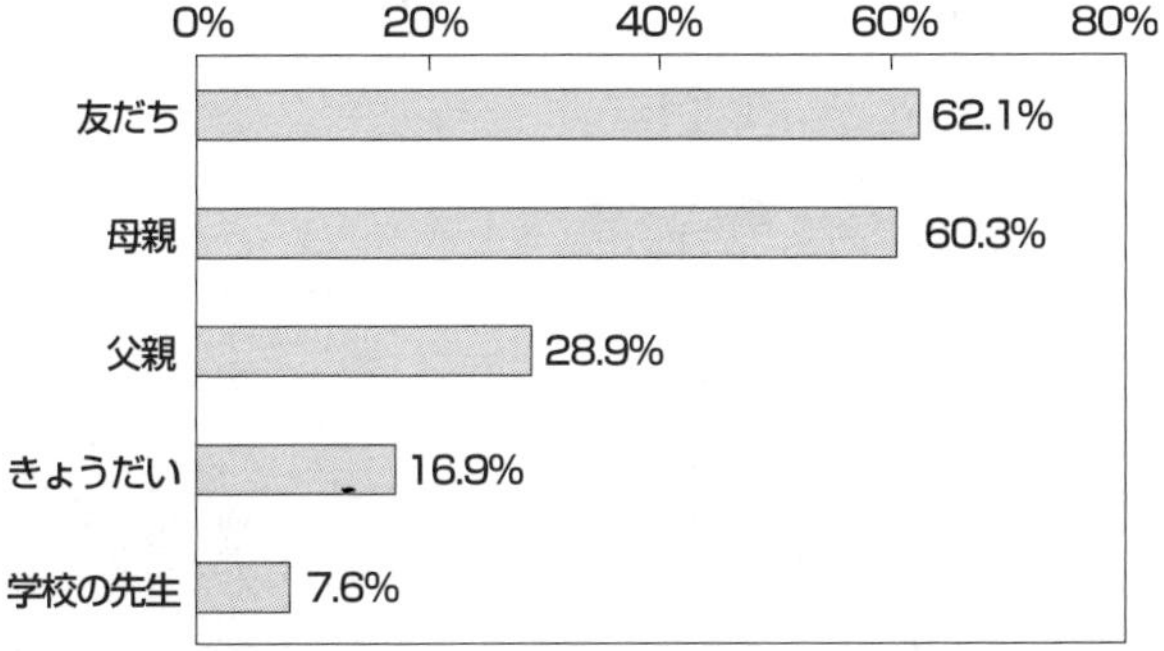

資料：同上

低学年までである。中学生になって社会を知れば、自分の実力では、夢のようなスター選手や名演奏家や一流の科学者にはなれそうもないことに気づいてしまう（親も気づいてしまうから、たいへんなのだが）。運動能力や芸術的センス、知能などに恵まれたごく一部の子どもを除けば、自分の能力を発揮して「有名になる」という夢は、望んでも手に入らないものとなる。といって、実現可能な夢が描けるわけではない。

そんな状況に中学生は立たされているのではないか。

†家――昔の子どもの夢

では、昔の子どもの夢は何だったのだろう。

私は、ある作文コンクールの審査委員をした。そこでは、自分の人生についてのエッセイを募集している。いろいろな世代のエッセイを読んでいくと、「家」が欲しかった、そして、家を建ててうれしかったという記述がとても多いのに気づいた。

とにかく、「小さい頃は、四人で八畳一間に住んでいた」、「ベランダのある家に住みたかった」、「ピアノがある家がうらやましかった」といった文言が並ぶ。戦前から高度成長期にかけて、多くの子どもが描いた将来の夢は、「快適なマイホーム」なのだ。もちろん、小さい頃は、野球選手になりたいといった夢を抱くことはあったかもしれない。しかし、現実にみた夢は、庭があって、ピアノが置けて、応接セットがあって、きれいなダイニング・キッチンではエプロンをつけた母親がケーキを作っているといった夢を描いたのである。

当時、そのような家は、ごく少数のお金持ちか、アメリカ製のテレビドラマの中にしかなかった。いや、そのような形でしかのぞけなかったがゆえに、「夢」、つまりは、あこがれの対象になることができたのである。

そして、作文には、いっしょうけんめい努力して、やっと快適なマイホームを建てた時の喜びが書かれているのだ。今の五〇歳以上の人は、勤勉節約を信条にしている人が多い。子どものころは、勉強に励み、男性は会社での長時間労働に耐え、女性は、孤立した中での家事・育児・介護に耐えた。このような苦労に耐えることができたのも、りっぱな家を建てて、その中で、子どもを育ててやりたいとの夢があったからこそである。

†夢見られる夢・夢見られない夢

このように考えてみると、今の子どもに夢がなくなって当然である。多くの子どもは、もう豊かなマイホームに住んでいるのだ。多くの子どもが個室を持ち、エアコンの利いた生活を享受している。このうえ、どのような将来の夢を描けばよいのだろう。プール付きの家？　田園調布の邸宅？　都心の超高級マンション？

昼のワイドショーの豪邸訪問には、確かにうらやましい超豪華な家が紹介され、世の専業主婦の奥様方は、お金持ちの男性と結婚すれば、こうなったのにと思いながらテレビを見るのだろう（自分で稼がなくてはならない男性は、このような番組には、嫌悪感を感じ自分のプライドが傷つけられる。だから、豪邸訪問は、専業主婦しか見ない時間帯に放映するのだ）。

しかし、いまどきの子どもは、サッカー選手になるくらいの能力か、タレントになれるくらいの魅力がなければ、そのような生活に手が届くとは思っていない。うらやましいと思ったとしても、手が届くと思わなければ、夢とはならない。

昔の子どもが夢見たマイホームは、そこそこの能力の人が、普通に努力して手に入れられるものだったから、夢見ていられたのだ。今、豪邸をもちたいといった夢を追い続ける青少年がいたとしたら、よっぽどの自信家か、非現実的な夢想家に違いない。

親は、自分の子どもたちにどのような夢を見てもらいたいのだろうか。親が「快適なマイホーム」という夢しか見ることができなかったから、子どもが夢を見られないのではないか。

「子どもに夢がなくなった」と嘆く前に、大人の夢の再点検を進めなければならない。

9章　パラサイト親子の背後に祖父母あり

最近、化粧したり（させたと言うべきか）、ブランド服やバッグをもった女子小・中学生が珍しくなくなった。

お昼のワイドショー（二〇〇二年七月一六日）で、ブランド子供服のバーゲンの模様がレポートされていた。母親と小・中学生の娘が渋谷のバーゲン会場に殺到し、数万円するジーンズやシャツが、次から次へと売れていく。新聞報道によると、この子ども服ブランド・バーゲンには、二日間で五〇〇〇人が殺到したそうである（日本経済新聞二〇〇二年七月二二日夕刊）。

たかが子ども服というのは、ひと昔前の話。ワイドショーでは、タンスいっぱいにブランド服をつめ込む一一歳の少女とその母親が紹介され、バーゲン会場では、「今日はいい買い物ができました」と親子でほほえむ姿が映し出されていた。

†給料以上のリッチさ、パラサイト・シングル

今の小学生の親は、バブル世代である。一九六五年ごろに生まれ、成人したころにバブル経済が到来した。そして、私がパラサイト（寄生）・シングル（独身者）と名づけたように、親元に同居し、生活費を親に依存しながら、自分の給料の大部分をブランド品や海外旅行につぎ込むことをし始めた世代である。いくら若い人の収入は少なくても、それがすべて小遣いとして使えるならば、きわめてリッチな生活が送れるのだ（拙著『パラサイト・シングルの時代』ちくま新書）。

私は、親同居未婚者すべてがパラサイトしているとは思っていない。自分の給料で可能な以上のリッチさを楽しんでいる人々をそう名づけたのだ。

欧米では、成人したら親から独立して生活するのが原則だから、若者はリッチな生活はできない。それゆえ、高給ブランドの洋服やバッグなど買っている余裕はない。ちなみに、ルイ・ヴィトン社の日本での売り上げ額は、全世界の六〇％以上に達し、海外で日本人が買う分を加えれば、ルイ・ヴィトン社は、日本のパラサイト・シングルの支出でもっているようなものである。

結婚しない女性も多くなっているが（三十代前半の女性未婚率は約二六・六％で、うち約

図表9-1　親同居未婚女性の生活満足度

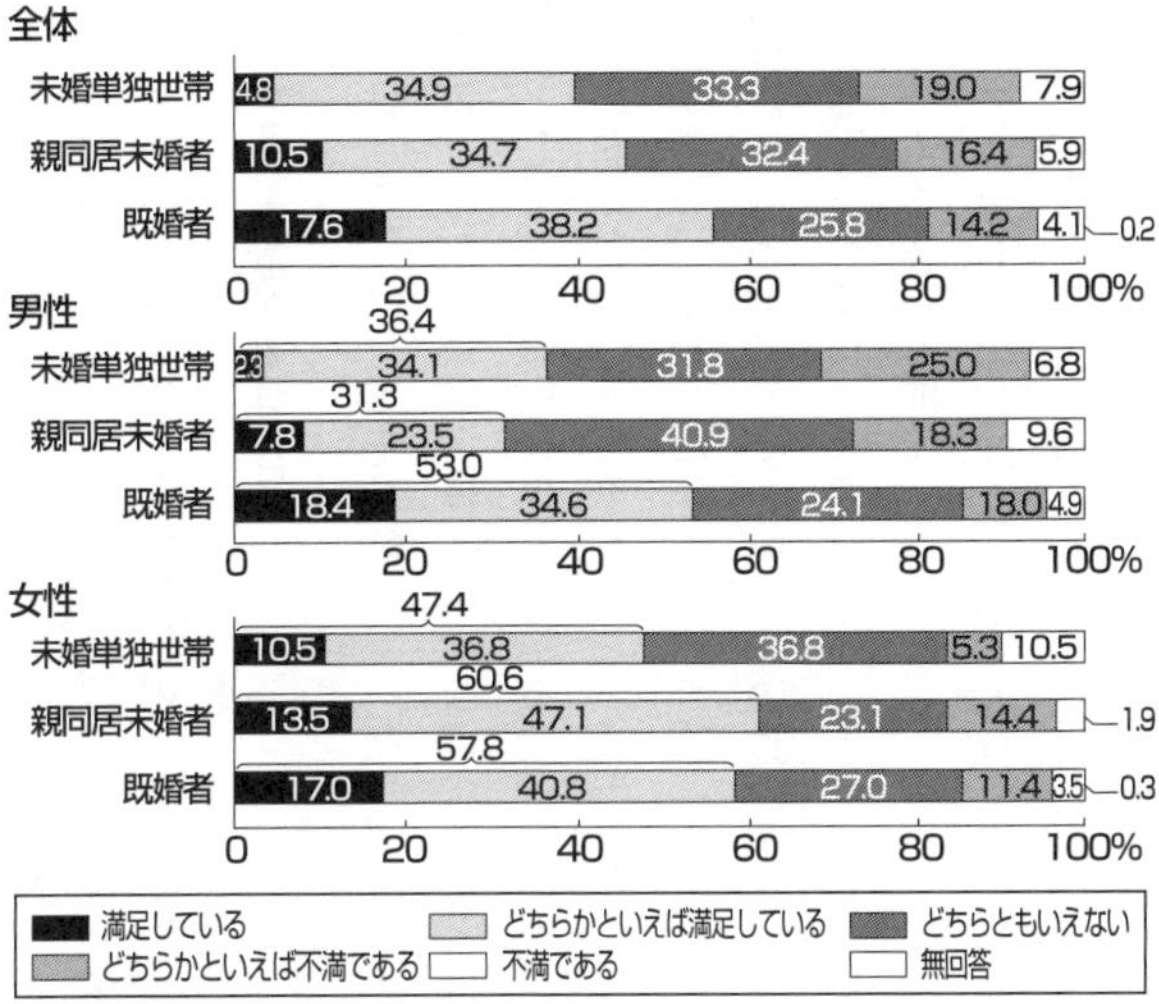

注：1. 内閣府「国民生活選好度調査」（2001年）により作成。
　　2.「あなたは，生活全般に満足していますか。あなたのお考えに近いものをお答えください」という問に対する回答者の割合。
　　3. 対象は25～39歳で，未婚単独世帯は男性が44人，女性が19人，親同居未婚者は男性が115人，女性が104人，既婚者（配偶者と離死別した人を含まない）は男性が266人，女性が370人。
出典：『平成13年版国民生活白書』

七〇％が親と同居している）、パラサイト・シングルだった人も、徐々に結婚する。そして、八割くらいの女性は、結婚や出産をきっかけに、仕事を辞めている。

　不思議なのは、この不況の中、子ども服によく何万円もお金をかける余裕があるということである。日本経済新聞に登場したある家族の例では、小学生の娘ひとりの洋服代に、月三万円以上かかると書かれていた。

　もちろん、ここ一〇年の

あいだに少子化が進んで、ひとりっ子が増え、子ども一人当たりにかけるお金が増えたということもあるだろう。中には、夫の小遣いを削ってブランドものを買い与える親もいるかもしれない。きわめて高い給料の夫が裏に控えているのかもしれない。

†パラサイト親子を支える祖父母

そう思って、テレビを見続けていたら、バーゲン会場のレジに「おじいさん」が現れたのである。インタビューに「こんなにかかるとは思わなかった」と言いながら、孫のために嬉々として、洋服代を出しているではないか。

ブランド好きのパラサイト・シングルの女性は、結婚後も、何かと親にパラサイトしている節がある。結婚したからといって、生活水準を下げるわけにはいかない。しかし、夫の給料はこの不況で伸びない。その時使われるのが、「親の援助」である。細かいことでは、ときどき夕ごはんを食べに行くということから、大きいものでは、マンションを買ってもらう人も多いと聞く。

そこで、宝石店の新聞広告でみかけたのが、「初めてつけたジュエリーを覚えてますか?」というコピーである。そこには、白いブラウスを着た三歳くらいの女の子が、金色のハート形のペンダントをつけている姿が写っている。ペンダントは、ロケットになっていて、開けると品のいい高齢女性の写真が埋め込まれている。祖父母の孫娘への贈り物用として商品化したものなのだろう。値段は、プレーン・タイプで八万円、ルビー入りで一一万円、ダイヤ入り五五万円也となっている。

†パラサイト格差拡大への懸念

「おしゃれのセンスを磨く」「小さいころからいいものを」というのが、ブランド洋服を子どもに買い与える親（や祖父母）の言い分（宝石店の言い分でもある）であるが、もう、年相応とか、分相応という概念は、なくなってしまったのだろうか。

子どものころから、ブランドものしか身につけなくなった子どもは、成長したときにどうなるのだろうか。祖父母が亡くなるなど援助してくれるひとがいなくなったときにどうするのだろうかと心配するのは私だけだろうか。

それ以上に、結婚後も親にパラサイトできる人と、できない人の生活格差が広がることの方が心配ではあるが。

10章「お年玉二年連続減少」

お年玉と聞いて、わくわくするのは、子どものうち。おとなの立場になると、だれに、どれくらいの金額をあげるか、悩まなくてはいけない。

第一勧業銀行時代からみずほ銀行が毎年行っている「お年玉調査リポート」が二〇〇三年一月にも発表され、各新聞、テレビで報道された。朝日新聞が、「お年玉二年連続減少」（二〇〇三年一月一八日）とタイトルをつけたように、各社、不況でお年玉金額が減少したことが強調されていた。

調査によると、東京の小学校高学年がもらうお年玉の平均額は、二万五三五〇円で二年連続減少、お年玉をくれた人は平均六・二人で、一九七五年に調査を始めて以来最低の人数だそうである。とすると、平均一人当たり四千円。だいたい、親と祖父母二組で三人（組）、おじおばなどで三人というのが相場だろうか。

†金額減っても預金増える

図表10－1　お年玉の変化グラフ（過去10年間）

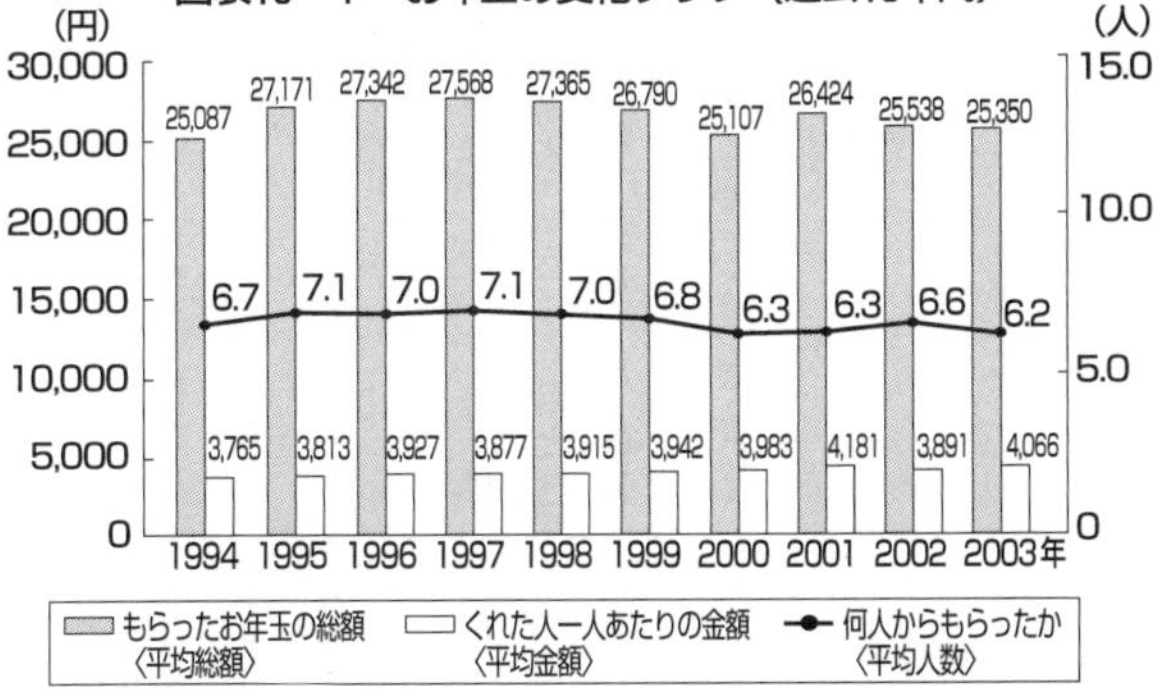

図表10－2　預金予定額

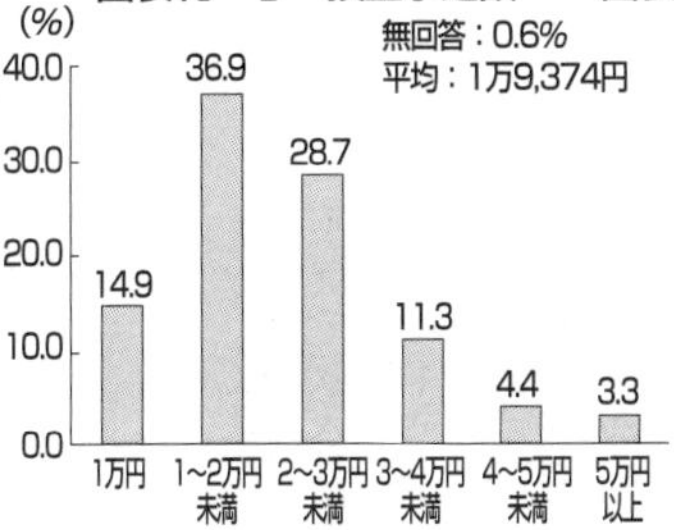

図表10－3　自分の預金通帳の有無

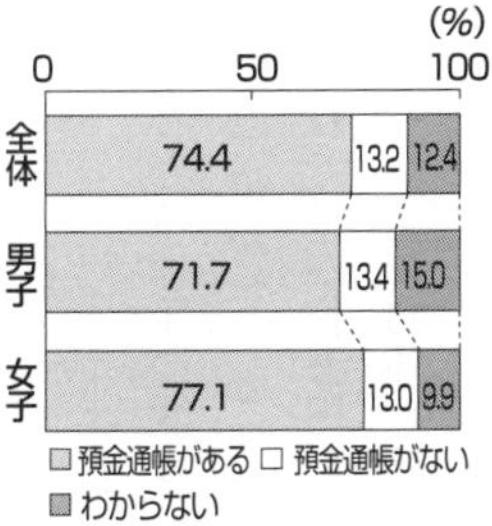

ここで注目したいのは、お年玉の使い道のほうである。私が子どものころは、お年玉で何を買うかが楽しみだった。何か、ふだんから買いたいものが先にあり、お年玉がその金額に届くかどうかに気をもみ、足りなかったら親にねだり、何千円かの現金を握り、おもちゃ屋さんかデパートに駆けつけ、目をつけていたモノを買って帰って、すぐ遊ぶ。小遣

い額が少ないのに、高度成長期で欲しいモノが次々出てくる時代、お年玉は、数少ない「自分で自由にまとまったお金を使えるチャンス」だったのである。

現在のお年玉の使い道の金額ナンバーワンは、「預金」である。お年玉をもらった子どもの七一・六％が貯金し、貯金額の平均は、一万九三七四円で、前年に比べ六五七円増えたという。額は減ったのに預金が増えるのは、不況で収入は減っているのに将来への不安から預金額を増やしているサラリーマン一家の家計と同じ構造なのである。

子どもが将来不安を感じて節約しているわけではあるまい。親の指導（「将来お小遣いを値下げするから、そのときのためにとっときなさい」と脅すなど）はあるかもしれないが、今の子どもが、現在の欲求の満足をがまんしてまで将来の心配をするとも思えない。

†子どもの世界から消えた欲しい「モノ」

使わず貯めるという子どもの行動は、子どもの世界に欲しい「モノ」が消えていることを示しているのではないか。使うほうも、一位がゲームソフトなどのおもちゃ、二位が「まんが」、三位が食べ物となっている。これでは、何万円も使い切れないだろう。

一〇年くらい前なら、ゲームボーイやファミコン自体がターゲットとなった。これらの遊び道具も普及してしまい、あって当然のものになっている。

モノで満ち足りているということは、子どもにとっては不幸である。高度成長期は、これさえあれば「しあわせな気分を味わえるに違いない」といったものがたくさんあった。人気キャラクターのおもちゃであったり、着せかえ人形であったり、ゲーム盤であったりした。ラジカセ、ギターなどは子どもにはなかなか手が届かないものだった。

いや、大人の世界でも、三種の神器（テレビ、冷蔵庫、洗濯機）といわれるように、家電新製品をそろえることは、あこがれであり、喜びであった。「人より一歩先のものをそろえる喜び」「やっと、人並みに追いついたという喜び」など、物質主義といわれようが、カラーテレビやクーラー、自家用車を手に入れることは、家族の目標であったのだ。次から次へと出る新製品は、企業がもうかるための宣伝の結果とわかっていても、家族生活に「目標」を与えてくれていたのだ。

しかし、それも、バブル経済の崩壊とともに、「欲しいモノ」を手に入れることで満足するというシステムが崩壊する。子どもの世界なら、ファミコン、そしてプレイステーションが普及し終わったときに、子どもの世界で「欲しくてたまらないモノ」がなくなったのではないか。

†いつか欲しいモノができたときのために……

貯金に励む子どもは、欲しいが数万円では買えないモノのために貯めているのだろうか。とてもそうは思えない。生活の心配のためではない。「いつか欲しいモノができたときのためにとっておく」というのが実情ではないだろうか。つまり、「消費の先送り」である。

自分で自分のためにお金を使うことは、実は、一種の「責任」をともなう行動である。その責任とは、買ったもの（サービスでもいい）について、それ相応の満足を得なくてはいけないという責任である。これが、親にねだって買ってもらったり、プレゼントでもらったりしたものなら、買うのを許可した親やプレゼントしてくれた人に責任を押しつけることができる。つまり、手に入れた商品がつまらなくても人が買ったのだからと「自分で自分を満足させる責任」を回避できるのだ。

これは、定職につかないフリーターが、「いつか自分が好きになれる仕事があるかもしれない」と就職を先延ばしにしたり、結婚しようとしている人が見合いをくり返す中で、「いつかはピンと来る人と出会うにちがいない」と決断を先に延ばすパターンに似ている。先送りしているあいだは、決断の責任を取らなくてよいからである。今している仕事がつまらなくても「どうせバイトだから」と言いわけができるし、独身でいるのは「出会いがない」と運が悪いせいにすることができる。

†親にとってお年玉は税金？

お年玉を使わず貯金をする子どもの話から、大きく話が広がってしまったが、このような事態になったのは、決して子どものせいではない。「これを買えば満足できる」という人生の「物質的」目標の消失、決断を先延ばしして責任回避する傾向など、現代日本社会が抱える問題が子どもの行動に反映していると言ったほうがいいかもしれない。

しかし、預金されるとなると、「お年玉」はどんな意味をもつのだろうか。親や親族も、子どもが欲しいモノを手に入れて喜ぶ姿を見たいだろう。しかし、それが、預金されてしまうとなると、あげるほうとしては、自己満足もできないではないか。といって、この習慣がなくなるとは思えない。親（祖父母、おじおば）は、一月一日から税金を払っているようなものである。

11章　子どもの学力低下、四人に三人が「不安」

「塾の大研究」という『週刊東洋経済』二〇〇三年八月二日号の見出しを見つけて、つい手にとって買ってしまった。この雑誌は、ご存知のように、ビジネス・（ウー）マン向けの雑誌である。その雑誌が、塾特集を組むということは、父親も子どもの教育に無関心ではありえなくなったことを示している。ビジネス雑誌ゆえ、まず、塾の経営実態や収支などが示される。図表11－1を見てわかるように、少子化の影響を受け、塾の数自体は減っている。しかし、塾の収入、つまり、親が塾に支払う代金は増えている。それゆえ、子ども一人当たりにつき塾へ支払うお金は相当増えているということになる。

日本PTA全国協議会が公立小学校の子どもの保護者を対象にした調査によると、新学習指導要領の実施にともない、学力低下の不安を感じる人は、七四％と、ほぼ、四人のうち三人に達していることがわかった（日本経済新聞二〇〇三年八月二二日朝刊）。「教員や学校によって、教育内容や質に格差が生じる」と考える保護者は五七％、「児童の学力格差が拡大する」五四％となっている。塾は、この親の不安を背景に、その市場規模を拡大し

図表11－1　2兆円に迫る学習塾市場

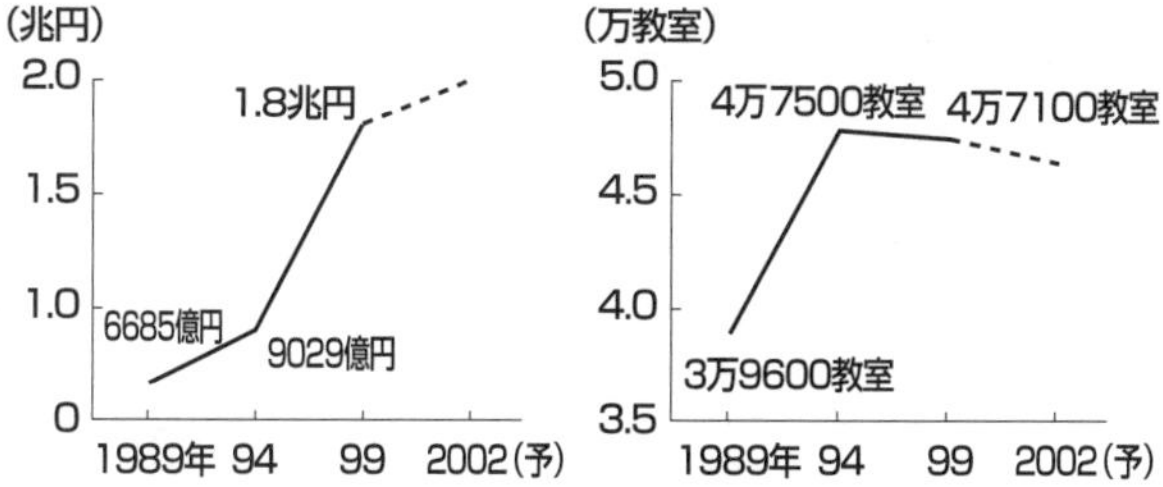

資料：総務省「サービス業基本調査」
2002年予測は『週刊東洋経済』編集部による

ているのだ。

†ゆとりは生かされているのか

この状況は、「子どものしあわせ」について、改めて考えさせられる。

ゆとり教育ということばが使われてきたが、果たして、本来の意味での「ゆとり」であるのだろうか。ゆとりを使って、子どもの知的意欲を引き出すのが、本来の意味ではなかったか。しかし、現場に目を向けると、そのゆとりが有効に使われているとはとても思えない。

「生きる力」とか「知識以外の能力」とか言われるが、それは、今のところ、その効果を測ることができない。測ることができないものは、努力しがいがないから、ナイフで果物の皮がむけた程度のことで「生きる力」などと言われてしまうのだ。総合学習の時間は、子どもにとって、評価されることがない「楽な時間」となってしまっている。

今、私には、子ども時代が「楽」に過ごせばそれでいいのかという疑問が起こっている。ある小学校の先生は、塾に無理に通わせるのはよくない、子ども時代には、子どもをのびのび生活させるのがよいと言う。小学校の先生（や評論家や学者）はそれでいいかもしれない。子どもの将来の生活に責任を持っていないからだ。しかし、努力や苦労なしで、一生のんびり豊かに暮らせるはずがないというのは、考えれば、だれにでもわかる。楽しい子ども時代の思い出で、一生生きるわけにはいかないのだ。もちろん、つめ込みで受験勉強をすることが、子どもにとって幸せな状況であるわけはない。そのバランスが大切だと思うのだが、今の学校教育はきちんと対応できているだろうか。

†新たな経済状況に対応する公教育システムを

この学力低下への不安、塾への関心の高まりは、ビジネスの世界に生きて、そのきびしさを実感している親（多くは父親、一部の母親）の危機意識が反映している。

ゆとり教育といわれて一〇年。東京都の調査でも、この一〇年で、小中学生の学校外での勉強時間は減り続けている（図表11－2）。別の調査によると、全く勉強をしない高校生は、五割に達している。増えているのは、家でゴロゴロしている時間だけなのだ。

図表11-2　小中学生が学校外で勉強する時間

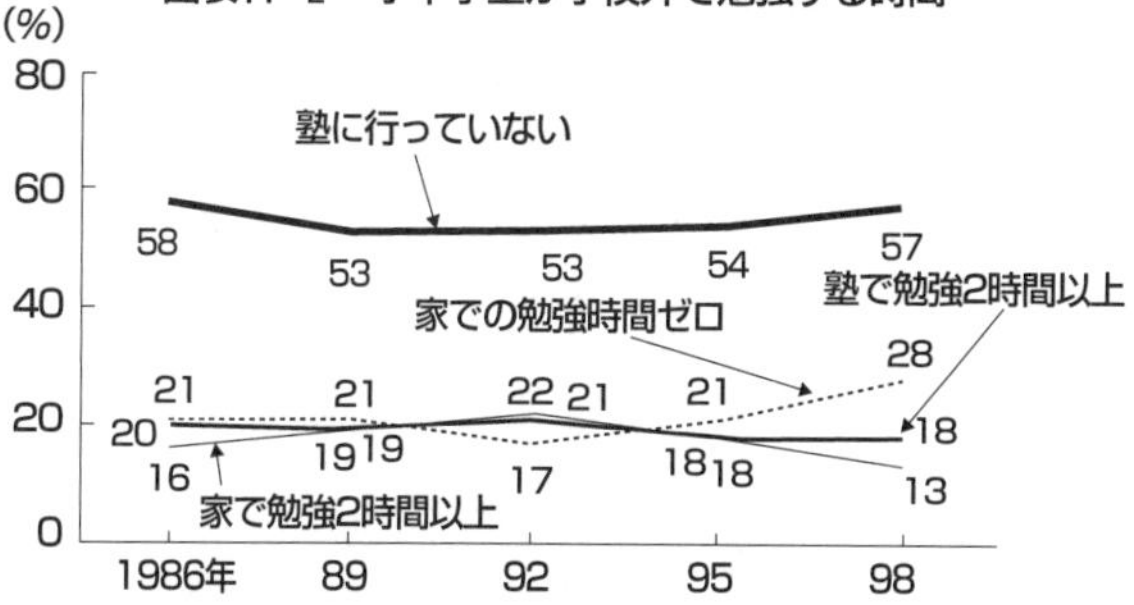

資料：東京都生活文化局「第8回東京都子ども基本調査」（1998年）

その分、子ども時代は確かに楽しい時代となったのだろう。早くおとなになりたくない子どもは六割を超え、その理由は、「子どものほうが楽だから」というのは情けない。子ども時代の固有の意味を認めたとしても、それが、おとなに向かっての助走路であることも確かだろう。

そのような子どもたちが成長して、職業世界に入り始めているのが、近年なのである。ビジネスマンの父親（と母親）は、敬語が使えず、計算ができない新入社員や、仕事が楽しくないとすぐ辞めてしまう若者に苦労し、親に養ってもらいながら、楽な仕事に就き、ブランドものを買ったり高級車に乗るパラサイト・シングル、将来性のないフリーターなどと一緒に仕事をしている。この不況の中、親自身の雇用も心配なのに、創造力どころか基礎学力や、多少いやでもがまんしてものごとにとりくむ力がない若者を目の当たりにして、わが子の将来を心配し始めてきたのではないか。

グローバリゼーションによる「ニュー・エコノミー」の嵐は容赦ない。能力が発揮できる若者は将来性のある職に就けるが、そうでない若者は低賃金の使い捨て労働者となるしかない（ライシュ『勝者の代償』東洋経済新報社）。

一昔前なら、男性はそこそこの企業に入社して一生そこに勤め、女性は彼の妻になって、そこそこ豊かな生活を送るというだれでもたどれるパターンがあった。しかし、今では、女性に職業世界の道が開かれた一方で、男性の雇用が不安定化しているのである。

このような時代の流れに気づいている親と気づいてない親の格差が広がっているのではないか。経済社会に関心が深く、経済的に余裕のある親は、子どもが「ニュー・エコノミー」の中で生き残れるように、塾に通わせたり、私立中、高に入れ、高度な専門能力を身につけさせようとする。中には、高校から海外の学校に入れる親もいる。ボーイスカウトできびしいしつけとボランティア精神、社会性を身につけさせようとする親もいる。

一方、時代の流れに気づかない親の子は、今の公教育システムだけに頼り、楽な子ども時代を送ってしまう。結果的に将来のないフリーターを作り出してしまうのではないだろうか。

結局は、今の公教育システムが、現代という時代に対応していないのではないか。学校を出れば、そこそこの職につける時代は終わった。それなら、公教育で、自分の能力を開花させるような多様なプログラムを用意するべきではないのか。ゆとりを与えれば子どもは自分から進んで勉強するようになるなどという楽観論に陥らず、今の経済状況に対応した公教育システムを作り出すことが望まれる。

12章 「不登校」という言葉に潜む責任回避

「登校拒否」という言葉が使われなくなり、「不登校」ということばに置き換えられて最も得をしたのは、教師をはじめとした学校関係者だろう。

登校拒否ということばには、本人が「学校」に行くのを自らの意思で拒んでいるというニュアンスがあった。学校に行かない子どもが怠惰であると「非難される」こともあったが、そこには拒まれる「学校生活」、ひいては、担任の指導や学校経営に問題があるのではないかという視点も含まれていた。

†「登校拒否」から「不登校」へ

しかし、心理学者などのあいだから、登校拒否の子どもは学校に「行かない」のではなく、学校に「行けない」のだということが言われ出した。「学校に行かせようとすると、からだの調子が悪くなる」などのケースを取り上げ、学校に行けないのは、その子どもの意思ではないという「説」が出された。つまり、学校に行かないことを「心の病気」として扱うという態度が広まっていった。
病気にすれば、だれも悪者はいなくなる。悪いのは、子どもの心に巣くう「障害」である。病気はかかってしまうものであって、なりたくてなるものではない。だから、だれも責任をとる必要がない。確かに、学校に行かない子どもが、「怠惰」であると非難されることはなくなった。しかし、同時に、学校側も、「心の問題」であれば、責任をとる必要はなくなる。無理に登校させようとすれば、かえって、子どもを傷つける。だったら何もしなくてよい。あとは、親とカウンセラーの問題であり、学校はただ、登校してくるのを待っていればよいという態度が生まれ始めた。

†減って、増えた長期欠席者

もちろん、「学校に行かない」理由は、千差万別である。第二次世界大戦前は親が学校に行かせないケースが多かった。五〇日以上の学校長期欠席者（義務教育）の数は、戦後になっても一九五五年ごろまでは、一〇万人を超えていた。農作業や経済的理由で学校を休ませたのである。高度成長期に親に経済的余裕ができ、また、上級の学校を卒業することが経済的地位の上昇の手段となることが理解され、一九八一年には、長期欠席者は、二万人程度まで減少した。

しかし、一九八〇年代から長期欠席者が増加し、近年は、中学校で約一〇万人、小学校二万人レベルにある（三〇日以上）。特に、経済的になんの問題もない普通の家庭の子で学校を長期欠席する子が増えたことから問題化し、「登校拒否」という名がつけられた。それが、「不登校」という名に置き換わるようになり、一九九九年には、登校拒否ということばは、公式には使われなくなった。この経緯は、先にみたとおりである。

名が不登校に変わっても、学校に行くのが「正常な子」であり、行かない子が「心理的に異常な子」であるという図式は変わっていない。また、「学校に登校できる心理状態になること」が、「病気が治癒された状態」と認識されることも変わりない。

しかし、学校に行かない子がほんとうに、心理的に問題がある子であろうか。

†不登校に影響を与える教師のかかわり方

不登校研究者の第一人者である千葉大の保坂亨教授は、不登校の発生率は学校によって大きな差があり、特に、教員が頻繁に入れ替わる学校で発生率が高いことを見出した。また、学校や市区町村で不登校へのとりくみが大きく異なり、復帰率も変わってくることが知られている。これは、不登校の発生、復帰には、学校、特に、校長、教頭、とりわけ担任教師のかかわり方が重要な影響を及ぼしていることを示している。

図表12-1　不登校児童生徒数

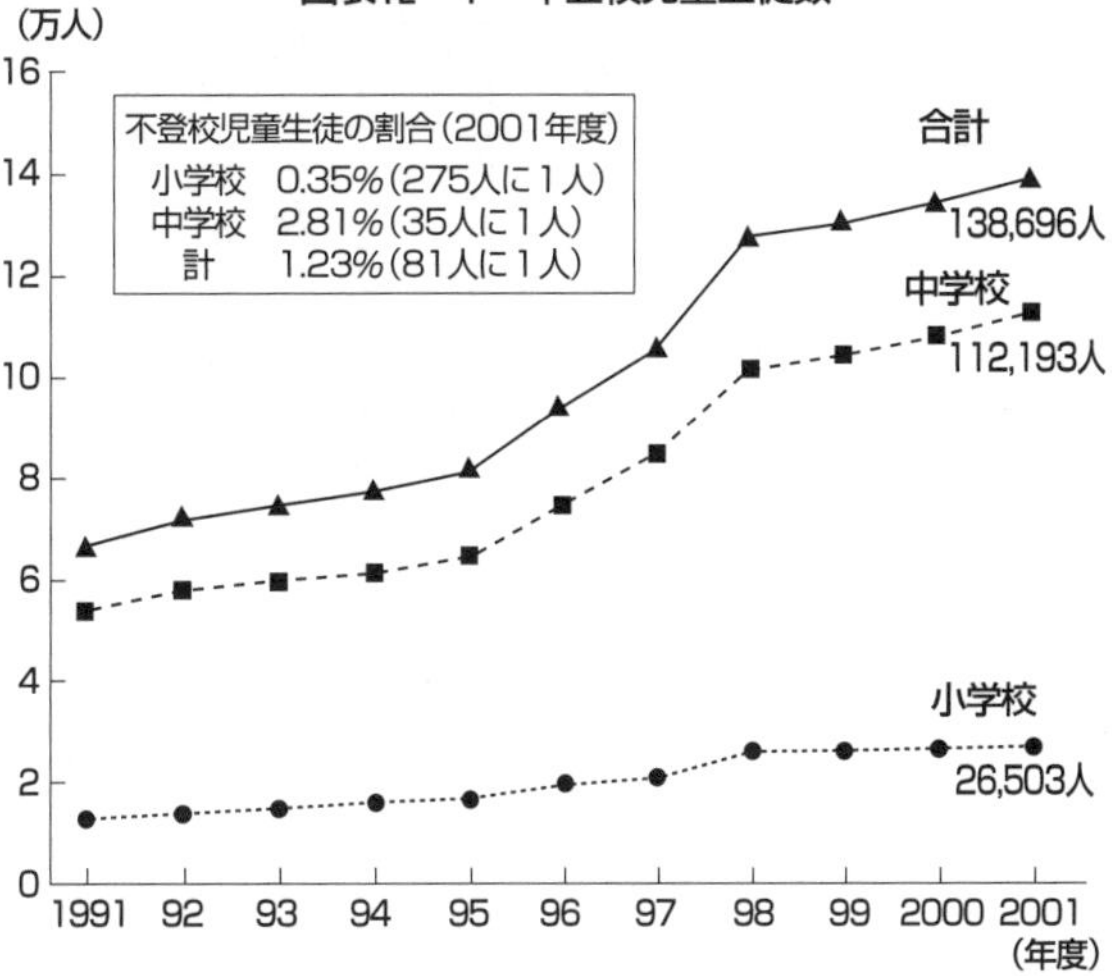

注：国公私立小・中学校の年間30日以上の長期欠席者数
資料：文部科学省「生徒指導上の現状と文部科学省の施策について」（平成14年）から作成

「不登校の小中学生の保護者、『学校に見捨てられた』二五％」と報道された数字（朝日新聞二〇〇三年三月二八日朝刊）は、一部の学校の無責任な態度が反映しているのではないか。二五％という数字は、文部科学省の不登校の子どもの保護者を対象とした調査において、「家庭訪問・連絡も少なく見捨てられたように思う」という回答の割合である。学校の対応に不満や不安を感じている人は、四二％となっている。

　たとえば、不登校のきっかけで代表的なものは、子ども同士の「いじめ」である。「いじめ」は、どんなクラスでも発生する。しかし、クラスの状況を把握し、対処するのが教師の役割ではないだろうか。そしてもし、教師の指導力が十分でないときには、指導し対策を立てるのが教頭や校長の役割のはずである。実際に、子どもが転校したり担任が交代したりして、不登校が解消されるケースも多い。

逆に、担任や学校の対応が悪いと、学校不信から社会全体への不信につながり、「ひきこもり」へと深化する場合もある。

†「不登校」に潜む責任回避

不登校の中には、本来的に神経症の子のケースから、さぼって遊んでいるというタイプまで含まれる。前者には精神科医との連携、後者には親への指導やケースワーカーとの連携が必要だろう。それを見きわめるのも、教師に求められているのだ。

ただ、現代急増している不登校には、「クラスが公平に運営されていない」、「いじめが放置されている」などの理由から、「学校に行く気がしなくなる」といったものも含まれるのではないか。行く気がしないクラスの状況を放置し、本人を病気とみなして責任を回避しようとする姿勢が、「不登校」ということばの裏に潜んでいる。

13章　「なんちゃって制服」増殖

学校の制服は、ひと昔前は管理の象徴だった。それが今や、高校生が好んで着る服となっている。この変化が意味するものを読み解いていこう。

ただ単に「制服」といえば、女子高校生、女子中学生の制服というイメージが固まっている。もちろん、男子学生の制服もあるわけで、私が二五年前に通っていた大学の学生規則には、「制服、制帽着用のこと」という項目が、まだ削除されずに残っていたことを覚えている。とにかく、学校の制服といえば、「女子」の問題という認識のしかた、さらに、報道のしかたというのも現代の特徴だろう。インターネットで制服を検索すると、そのほとんどが、女子生徒に関する記述なのである。

†生徒管理の象徴としての制服への戦い

男子学生は軍服に似せた詰め襟、女子学生にセーラー服という定番のスタイルは、昭和になってから普及したようで、やはり、軍国主義、全体主義の進行と関係がありそうである。今でも、拉致で有名な某国の首脳は必ず制服なのも象徴的である。陸軍幼年学校や海軍士官学校の生徒は、当初から制服を着ていたが、大正時代くらいまでは、学生は男女とも羽織袴の和装が主流だったという。

セーラー服に限れば、一八八〇年代に華族女子校（現学習院女子中・高等科）が導入したのが最初らしい。軍国主義が色濃くなる一九二〇年代に、福岡女子校、金城学園などがセーラー服を採用し、全国に広まっていった。

第二次世界大戦後、学制が改正され、中学校が義務教育となり、高校進学率も上昇。その中で、制服も制定され、「詰め襟＝セーラー服体制」と呼ばれるような定番が定着する。そのころは、制服を着られること＝上の学校へ進学することととらえられ、制服を肯定的に受け止める人が多かったと推測される。

一九六〇年代末、「大学紛争」が活発化した。その時期、高校に飛び火した「高校紛争」の最大のターゲットとなったのは、「制服」であった。特に、当時の進学エリート校であった都立高校での闘争は活発で、生徒と先生が交渉する中で、「制服」を廃止する学校が出てきた。また、マスコミ等の批判を受け、「標準服」という名称に変更して、制服着用を義務とはしない高校も公立に限らず続出した。

†「身体の管理」から権威への態度の識別へ

制服の基本的機能は、「身体の管理」である。制服を着ていれば、年齢や住んでいる地域が特定できる。パチンコ店、風俗営業店、タバコ屋など、年齢上出入りできないところに制服を着て入ろうとすれば、止められるだろう。また、夜中、制服を着たまま徘徊すれば、虞犯（犯罪をするおそれがある行為）として、補導の対象になる。何か、問題を起こすようなことをすれば、制服から学校が特定され、通報されるだろう。

制服がある、制服を着るということは、学校に自分の行動の自由を拘束されることなのである。制服を強制することにより、学校は生徒の学校外の行動を管理、規制することができる。

逆に言えば、当時、制服を着ないことは、「自由」のシンボルであった。「制服＝管理の象徴」の意味は、管理に論理的・知的に反対する偏差値上位校の生徒だけでなく、偏差値下位校の生徒たちにも共有されていた。彼らは、制服を「きちんと着ない」ことで、管理に反抗したのである。だぼだぼのズボン、長いスカートなどが、不良生徒の象徴だったのも、彼らなりに学校の管理に反抗していることの表現だったのだ。

制服をきちんと着る生徒＝権威に従順ないい生徒、制服をきちんと着ない生徒＝権威に反抗する生徒という色分けができていて、それを、生徒も学校側も、そして、親も自覚していたのである。これは、日の丸や君が代と同じように、権威（権力）に対する態度を識別する機能をもつものであった。

†女子高生の制服への性的まなざしの表出

一九八〇年代半ば、バブル経済のころから、制服に対する「まなざし」が反転する。一つは、性表現の自由化の流れとも重なり、成人男性の「女子校の制服」に対する性的なまなざしが、社会の表に出てきたのである。もともと、女子校生の制服に限らず、男性は、制服という存在に（管理された女性の象徴、つまり、ふつうでは手の届かない女性の象徴として）、性的に興奮するというメカニズムがある。性的な関心とはいわなくても、オタク的興味をもった男性が、趣味として女子高生の制服に興味関心をもつことも多くなる。

そのころから、「制服を着た高校生」が商品となって、一部の成人男性から望まれるということが女子高生にも認識されることになる（それまでは、男性の一方的な欲望であった）。それを逆手に取って、使用済み制服を売る、また、援助交際に走る女子高生が出現するようになる。一方で、多くの女子生徒から、制服姿を性的な目で見られることへの嫌悪感も表明されるようになり、ブルマー廃止、一部の私立女子校では、スラックスの制服が実現することになる。

もちろん、性的な意味での制服という現象は、一部のものである。しかし、同時に、ファッションの一つとして「制服」を着ることを楽しむ生徒も現れた。一九八〇年ころから、私立女子校を受験する際に、「制服のかわいさ」で選ぶということも取りざたされた。生徒集めのため、「詰め襟＝セーラー服」という定番ではなく、ブレザーにしたり、有名デザイナーズブランドによるおしゃれな制服を新たに制定する学校も現れ、制服リニューアルで高校の偏差値ランキングが変わると言われた時代を迎えた。

†社会の匿名性の深化と制服のブランド化

その延長線上にあるのが制服ブーム、それも、「なんちゃって制服」なのである。報道では、服装が自由な学校で制服そっくりの私服を着たり、他の学校の制服を手に入れて登校する生徒が増えているという（朝日新聞二〇〇三年四月一五日朝刊）。ファッションの一つと言えば聞こえがいいが、制服に反抗した一九五〇〜六〇年代生まれの世代（結果的に私も高校では制服は着なかったが）にとっては、気になる現象である。

新聞紙上では、自由があふれる中で「縛られたい」という心理が働くとコメントされている（中村泰子／ブーム・プランニング代表）。もちろん、そのような心理もあるが、そもそも、「制服＝管理」という図式が崩れているのではないか。もう社会や学校は、制服によって生徒を管理できなくなったのである。

理由は二つある。一つは、豊かで匿名性が高く、他人に無関心な社会の登場である。タバコは自動販売機で買えるし、夜には、中高生がコンビニや道ばたにたむろしている。彼らは、権威に反抗しているのではなく、ただ、享楽的に過ごしているだけである。

もう一つは、親や学校の立場の低下である。親は子どもが非行に走ったり、家出されることを恐れるあまり、子どもに甘くなる。高校も少子化の影響で、一部の進学校を除けば、なるべく生徒に辞められては困るため、校外での活動には目をつぶる。そもそも大都会では、生徒の生活を管理することが不可能になっているのだ。

管理を目的としない制服は、つまりは、ブランドである。制服全体が、一二―一八歳の女性限定というブランドとなり、各校の制服がブランドのサブ・ブランドである。「なんちゃって制服」の増殖の裏には、制服のブランド化現象がかいま見える。

14章　別学？　共学？　やまぬ論争

　年明けは、受験シーズンである。幼稚園受験から大学受験まで、受験生をもつ親としては、心配な時期である（ちなみに大学院受験は、秋がシーズンである）。受験校を決める際に、偏差値の次に考えることのひとつが、男女共学か男女別学かであろう。

　第二次世界大戦前までは、「男女七歳にして席を同じうせず」ということで、小学校卒業後の学校は、原則男女別学であった。戦後、憲法に男女同権がうたわれ、教育基本法にも男女共学の原則が明記され、義務教育だけでなく、中等教育、高等教育でも共学化が進む。約一〇年前に順天堂大学体育学部が〝陥落〟して女子の入学を認め健康スポーツ学部となり、男子のみ入学可の大学は日本から存在しなくなった。一方、私立中高校はもちろん、県立高校の一部、国立大学付属校の一部（実は、私も国立唯一の男子高校出身である）、並びに、数多くの女子大学などで、男女別学校が生き残っている。

†男女共学化ブーム——公立校も私立校も

実は今、男女共学化のブームが起きているように見える。男女別学県立高校が多かった福島県などで共学化が図られ、茨城県などでも男女共学化への動きが起こっている。また、中央大学付属、愛光学園（中高併設）や早稲田実業（小、中、高校併設）、市川学園（中高併設）など私立校でも、男子校から共学校へ変わった。一方、女子大でも、武蔵野女子大学が武蔵野大学に名称変更するなど大学に共学化の動きが見られ、大学院レベルでは、既に男性の入学を積極的に進めている女子大も多くなった。

しかし、県立の別学高校が男女各六校計一二校ある埼玉県では、朝日新聞（二〇〇二年一二月一一日朝刊）記事にあるように、一度共学化の動きがあったものの、卒業生、在校生の反対運動が始まり、共学化が頓挫している。これらの高校はいずれも、旧制中学校、旧制女学校の伝統を引き、県の中では偏差値も高いエリート高校である（ちなみに、他県の別学県立高校も同様の伝統を引いている）。

公立高校共学化の論理は、明白である。税金を投入している公立校であるのに、教育の機会を学力以外の要素、たとえば、性別（生まれつき変えられないもの）で制限するのはおかしい。ある高校に優秀な先生がいる、もしくは、個性的なカリキュラムがある高校で学びたいといったときに、性別が壁になって排除されるのは、学ぶ権利を奪っていることは確かである。今までは、個性的な教育をする公立校がなく、そのような学校を希望する生徒がいなかったから問題にならなかったにすぎない。大学や大学院では、男子大学がなくなり、女性は、学力さえマッチしていれば、どこでも好きな勉強、研究ができるようになった。しかし、今でも、女子大の特定の教官の下で学びたいという男性にとっては、逆差別が厳然と存在していることになる。

†アファーマティヴ・アクションの論理も「心理的」理由も時代遅れ

女子校を残す理屈は、いくつか考えられている。今まで、女性が差別されてきた分だけ、女性に教育チャンスを増やそうというアファーマティヴ・アクション（ポジティヴ・アクションともいう）の論理である。特に、男女共学だと、結果的に男性がリーダー、女性がサブ・リーダー、男性が理系で女性が文系のような構成になるなど、従来の性役割の再生産につながりやすいという指摘もある。しかし、これでは、男子校を残す理屈はない。また、今は、男性よりも女性のほうが、大学進学率（短大含む）が上回る時代である。共学校でも女性が生徒会長になるケースも増えるなど、アファーマティヴ・アクションを行う理由は、薄れている。

しかし、理屈はそうでも、現実の共学化反対運動は根強い。また、共学賛成派も、理屈以外の情緒的メリットを挙げている。新聞に取りあげられていたのは、「同世代異性と話す必要痛感」といった共学化賛成意見や、「同性だけで気兼ねなく連帯感」（共学化反対論）といったものである。

しかし、これらの実感に基づく議論は、現在ほとんど意義を失っている。たとえば、共学校であっても異性と話せない人は話さない。逆に、学校外に異性と話す機会はいくらでもある。一方、同性だけで気兼ねなく連帯感といっても、共学の中で同性同士の連帯感を築くことも十分可能だ。「学校のあり方」が高校生活のほとんどの部分に影響を与えていた三〇年前ならいざ知らず、現代の生徒にとって、高校での生活は、生活の一部にすぎない。「心理的」な理由で共学化の是非を論じるのは、もう時代遅れなのだ。

†共学化の真相——進学実績と個性化

戦争直後の共学化を「共学化第一の波」とすれば、今、「第二の波」（といってよいと思う）が起こっているのは、別の理由があると私は見ている。それは、近年の大学進学実績における「公立校の地盤沈下」、それによる公立校改革の圧力、そして、女性の進学意欲の高まりである。

二〇〇二年一二月一三日に文部科学省が公表した全国学力調査でも、小五から中三までの女子の学力は、ほとんどの学年、教科で男子の学力を上まわった。また、少子化により、教育熱心な親は、息子だけでなく娘に対する教育期待が高まり、大学に進学を希望する女子が多くなった。一方、公立校への「学力不信」が高まり、首都圏、関西圏では、大学進学実績の高い私立校の人気が高まっている。

その結果、学力優秀で、進学意欲が高い女子生徒を確保できるかどうかが大学進学実績の向上、ひいては、学校経営上必要になってくる。特に、大学の付属(早稲田実業は係属と呼ぶ)校のうち、男子校だった中央大付属、早稲田実業では、各大学に進学する優秀な女子の早期確保のために共学化に踏み切ったのが真相だと考えられる。

今、懸案の県立別学校は、県立の中では進学実績が高い高校である。しかし、最近の公立校「地盤沈下」の中で、難関大学への進学実績が長期的に低落傾向にある。その中で、他の都府県では、高等学校改革の中で特色のある教育や進学をめざすという形で、個性的なプログラムをもつ公立高校をつくろうとする試みがなされている。

そのような新しい試みをするためには、男女別学が障害になってくる。別学校で特別カリキュラムなど個性的な教育をしようと思ったら、それこそ、一方の性を排除していることが問題になるからだ。たとえば、男子校で進学カリキュラムを組み、女子校でパソコン・カリキュラムを組めば、パソコンを学びたい男子生徒や進学に的を絞る女子生徒が困ることになる。つまり、公立別学校の存在は、たてまえ上の「同一カリキュラムによる教育」を前提にしていたのだ。

県立別学校を共学にすれば、地域のトップ校であった従来の男子校に優秀な生徒が集まり、女子ではトップだった従来の女子校は、二番手校となる。旧男子校は、トップの男子生徒に加えトップの女子生徒が入学し、相互に競い合うことによって、進学実績の上昇が期待される。つまり、県教育界の共学化の真の目的は、高校別の個性的な教育プログラムの推進の前提であるとともに、公立・私立を含めた地域のトップ校を維持するためのものだと言ってまちがいはない。

となると、共学化で割を食うのは、二番手校となる旧女子校である。いろいろ理由をつけて、反対運動が強いのは、旧女子校生徒やOGなどに多いのは、そのためである。

共学化の動き自体は歓迎だが、それが、真に高校別に個性的な教育プログラムの推進に資するのか、単に、公立特権進学校の再生になるのか、見きわめる必要がありそうである。

15章　ハリー・ポッターに見る理想の学校・家族

二〇〇二年一〇月二三日、「ハリー・ポッター」シリーズの第四巻、『ハリー・ポッターと炎のゴブレット』（上・下、J・K・ローリング著、松岡祐子訳、静山社）が日本で発売された。予約分だけで、二三〇万セットを突破し、コミックを除く一般本の初刷記録をうち立てた（読売新聞二〇〇二年一〇月二三日夕刊）。そして二〇〇四年九月一日発売のシリーズ第五巻、『ハリー・ポッターと不死鳥の騎士団』（上・下）の初版は二九〇万セットとなった。第一巻が発売されたのは一九九九年の一二月、第四巻までの累計で一六八四万部（魔法のような数字である）に達し、シリーズ記録を更新中だと報道された（毎日新聞二〇〇四年七月一七日大阪朝刊など）。

出版不況、そして、子どもの本離れがいわれる中、夜中から並んで書店の開店を待つ高校生がいたりするのは、単に、「流行」として片づけられる問題ではない。

†人気の秘密は背景の教育・家族の状況

もちろん、本の内容自体がおもしろくなければ売れない。しかし、単におもしろいだけなら、コミックやコンピュータ・ゲームの方がおもしろいだろう。また、ハリー・ポッターに匹敵するおもしろさをもった本は、『指輪物語』（J・R・R・トールキン）をはじめいくらでも存在する。

ベストセラーは、内容のよさ以上に、その当時の社会状況にマッチしているから生み出されるものである。そして、「ハリー・ポッター」シリーズは、まさに、今、先進国の子どもが置かれている状況、それも、「教育」や「家族」状況をある意味で反映しているのだ。

ご存じの方のほうが多いと思われるので、筋は追わない。主人公は、第一巻の登場時点で一一歳（日本での中学入学時に相当）、一巻ごとに一歳年をとっていく。第四巻では、一四歳となっている。この物語の大部分は、ホグワーツという魔法学校で展開される。そこで、親の敵《かたき》であるヴォルデモート卿との戦い、智恵と勇気、そして魔法を駆使し、友人や先生などの温かい支えを得て「成長」していく物語、と要約してしまえば、他の物語とそう変わるものではない。人気の秘密は、その背景に描かれる家族、教育の状況だと私は見ている。

†努力の末幸せをつかむ過去の物語

ハリー・ポッターは、人間社会では孤児で、希望のない境遇にあった。つまり、両親が早く亡くなり、伯母の一家の中で虐待されながら育てられていた。そのうえ、教育上は日本でいう「落ちこぼれ」と言ってもよい。イギリスでは、アメリカや日本と違って、中学校入学時に選別が行われ、エリートコースと職業コースに分けられる。イギリスは、階級社会である。中産階級の子どもはエリート校に行き、労働者階級の子どもは普通校に行くケースが多い。ハリーの場合は、意地悪な伯母一家に、普通校にさえも行かせてもらえないところだった（第一巻『ハリー・ポッターと賢者の石』）。

貧しく生まれたり家族の中で虐待される子どもが、努力の末しあわせをつかむという物語は、児童文学の定番のテーマである。ぐれて非行に走ったあと、立ち直って人間になる（ピノキオ）、放浪の末、努力して生きていたら生まれが高貴だとわかる（家なき子）、孤児院に育つが持ち前の明るさで、金持ち男性との結婚というしあわせをつかむ（足長おじさん）など、枚挙にいとまがない。アニメの世界でも、「キャンディ・キャンディ」というのがあった。

ひと昔前、高度成長期までの子どもたちは、このような物語を読みながら、貧しく悲惨な家庭に生まれても、努力して教育を受け、明るくふるまえば、おとなになったときに、自分の活躍する場や、しあわせな家庭が築けると、思いをはせることができたのかもしれない。

†努力が報われる理想の世界——魔法の学校

しかし、ハリー・ポッターの人間社会での見通しは暗い。伯父さんの家の子（いとこ）は、親にスポイルされながらも、物的に豊かな生活を送り、よい教育、将来の地位までも約束されている。一方、親をなくしたハリーは、学校教育による上昇希望もなく、虐げられ続けるのである。

彼が、希望を見出したのが、魔法使いの世界の学校なのである。魔法使いの世界の学校では、生まれが名門魔法使いでも、人間の子どもであっても、能力があれば等しく扱われる。魔法使いの世界でも貧富の差はあるが、それと関係なく活躍できる場がある。

いじわるをするクラスメイトがいても、仲間の結束で乗り越える。結果的にイヤな思いをするのは、いじわるをしたほうである。ハリーを気にくわない先生であっても、いざというときには責任をもって助けてくれる。多少、いたずらをしても、それが、冒険心や優しさからでたものであれば、先生たちは、大目にみてくれる。成績やスポーツは集団競争の対象であり、学年末にクラスごとの点数で勝負を決める。学校を卒業すれば、成績に従って、就職の口がある。まさに、努力が報われる世界なのである。

†現実と平行して存在する理想の世界

魔法使いの世界の学校は、われわれの社会の理想の学校の姿、教育の姿を表している。作者のJ・K・ローリング氏（離婚経験者であり、シングルマザーであったことは、広く知られている）が、現実の人間世界を舞台にして物語を描かなかったのは、「うそっぽくなる」からだと私は思っている。子どもに、「こんな理想的な学校、現実にあるわけない」と思われたら、そっぽを向かれる。といって、現実と遊離した世界のお話（『指輪物語』など）では、中高生の興味を引かない。

そこで、理想的に描かれる家族は、ハリーの死んだ両親と、友人ロンの貧しくとも素朴な大家族である。子どもへの虐待がありふれたものになった今、子どものために命を投げ出す親を現実世界に見出すことはむずかしい。貧しくとも、きょうだい仲よくいっしょうけんめいに生きる大家族は、ほとんど過去のものである。

現実と平行して存在しながら、現実ではなく、理想が実現されている世界の物語。この物語を読んだ子どもは、現実の学校や家族の世界をどのように思い返すのだろうか。

Ⅲ

パラサイト社会の裏側

16章　中年女性がプリモプエルにはまる理由

一昔前は、ペットやぬいぐるみは、少女（小学生や中学生）のものと決まっていた。今は、マンガも子どもよりも、おとなが読む時代。ぬいぐるみとおとながいっしょに遊んでいても、おかしくはない時代だろう。

「お人形遊び異変」というタイトルで、バンダイが売り出したしゃべるぬいぐるみ、「プリモプエル」についての記事が目に付いた。一九九九年の発売当時は、十代後半から二十代の女性が中心だったのが、二〇〇二年には、購入者の七割が四十代半ば以降の女性だという。二〇〇二年春には、人形を持ち寄る幼稚園の「入園式」に、人形のお母さん（つまりプリモプエルの持ち主）が五〇〇人以上集まったそうである（朝日新聞二〇〇二年八月二八日朝刊）。

試しに、プリモプエルのホームページにアクセスしてみた。そこには、パートナー（持ち主のことをそういうのだそうだ）が人形といっしょに写っている写真とともに、メッセージが表示されている。インターネット・サイトゆえ、パソコンを常用する二十代の未婚女性が多い中で、四十代の女性がちらほらまじっている。このサイトに写真を載せるために、必死にパソコンを勉強したのだろうか。自分の子どもの勉強のためにとパソコンを習う親と似ているのかもしれない。

そこには、「だれもいないうちに帰ったときに、お帰りなさーいと言われるとほっとします」(四八歳)、「我が家の家族の人気者です」(四〇歳)、「つい本気になって怒ってしまう私です」(四二歳)などのメッセージが書き込まれている。まさに、家族の一員として遇しているのだ。

†家族の一員として

私は、一九八〇年代半ばに「ペット家族論」を提唱した。「ペットも家族とみなす」人々が年々多くなり、実際、ペットとのあいだで絆を感じ、情緒的満足を得る人が増えてきている。当時は、「ペットが家族なんて、ばからしいことを言うな」と、年輩の研究者から猛反発を買ったものである。しかし、ペットのお墓を作り命日にお参りする人、ペットといっしょのお墓に入りたいと言う人、ペットが病気になると寝ないで看病する人などが実際に現れ、事実上の家族関係(相手が家族と思っているかどうかは、別だが)をつくっている。死ぬと悲しみ、いっしょに遊ぶと楽しく、わがままを言えば怒る、そして、とき

プリモプエルとそのパートナーたち（提供：株式会社バンダイ）

どきいっしょにいるのがいやになることもある。かわいがっているペットといると、家族がいるのと同じような喜怒哀楽を味わうことができる（拙著『家族ペット』サンマーク出版参照）。

プリモプエルも、一種の家族として意識されているのは、見たとおりである。出現を喜び、喜怒哀楽を感じることができる。ペット禁止のマンションでも持てるし、何より、「人間の言葉を覚えていく」、「持ち主の接し方で口調や性格、成長ぶりが変わる」（これはペットと同じだが）のだ。つまり、個性を育てることができる人形といえるだろう。

ペットや成長する人形を、ただ単なる家族の代替と評価してはならないだろう。もちろん、ひとり暮らしの高齢者や若者、配偶者を家族と思えない家庭内離婚の夫や妻にとっては、唯一のかけがえのない家族という「代償」的存在であることもあるだろう。しかし、多くのケースでは、家族が一人増えたという言い方をするのである。何人もの家族がいる中で飼われたり、持たれたりしているのだ。

「理想的な家族」を想像する手段

人々は、家族とは、「理想的な関係」だと思いたがる。損得勘定抜きで、お互いを思いやって、お互いをいちばん優先に思い、きらいになることはない関係だと信じたがっている。

しかし、現実には、そうではない。たとえ仲がよくても、深刻な対立がなくても、いやになったり、自分が損していると感じたり、相手が自分以外のものに気を取られていると感じるときがある。

そう感じるとき——それは、ほとんどの人がもつ感情なのだが——「私の家族は、ほんとうの家族とは違うのではないか」という思いをもつ。

特に、子どもとの関係は、たいへんである。ほとんどの子どもは、親が期待するほど成績はよくないし、親になんでもやってもらって当然という感じの恩知らずである。大きくなれば、友人や恋人、ゲームの方に関心が行ってしまい、親はうるさいと思われるだけである。親の機嫌をとるのは、小遣いをねだるときくらいしかない。「親の言うことをいつも聞き、感謝し、できがいい理想的な子」など、この世にいるわけがない。

†ファンタジーとしての家族

では、ほんとうの家族はどこにあるか、それは、人々の頭の中にあるのだ。ホックシールドというアメリカの社会学者は、「ファンタジーとしての家族」と呼んでいる。想像の中の家族は、裏切らないし、見捨てない。自己犠牲的で、実際の夫、妻や子どもと違って、いつも自分のことを考えていてくれる（『時間の拘束』未邦訳）。

となると、成長する人形やペットは、子どもの代わりというよりも、「理想的な家族」を想像する手段（と言って悪ければ、きっかけ）としてあるのだ。人形やペットに接するとき、自分を「いちばんだいじにしてくれる存在」が家族なのだと実感する。つまり、人形やペットの向こうに、理想的にふるまう実の家族（配偶者や子）を想像しているのだ。

このように解釈すれば、この人形を買う層は、四十代の子育て後の主婦であることは、十分に理解できるのである。

17章　「若年フリーター増に警鐘」①

二〇〇三年五月三〇日に内閣府から『平成一五年版国民生活白書』が提出された。そこでは、「デフレと生活──若年フリーターの現在《いま》」と副題がつけられている。そこに描かれている若者像は、決して明るい展望が描けるものではない。

†フリーター──その一〇年の変化

「フリーター」が増えていることは、だれしも実感していることだと思われる。もともと、フリーターは、一九九〇年ごろ、能力があるのにあえて正社員にならずに、アルバイトをしながら自由に好きなことに時間を使う若者を指すことばとしてリクルート・ワークス研究所がつくったといわれている。

当時は、バブル経済華やかなりしころで、大学生なら就職内定が出放題、高校生も引く手あまたという時代であった。そんな中、あえて会社に縛られない生き方を求める少数の若者たちを呼ぶ呼称として定着したのである。

図表17-1　年々増加するフリーター

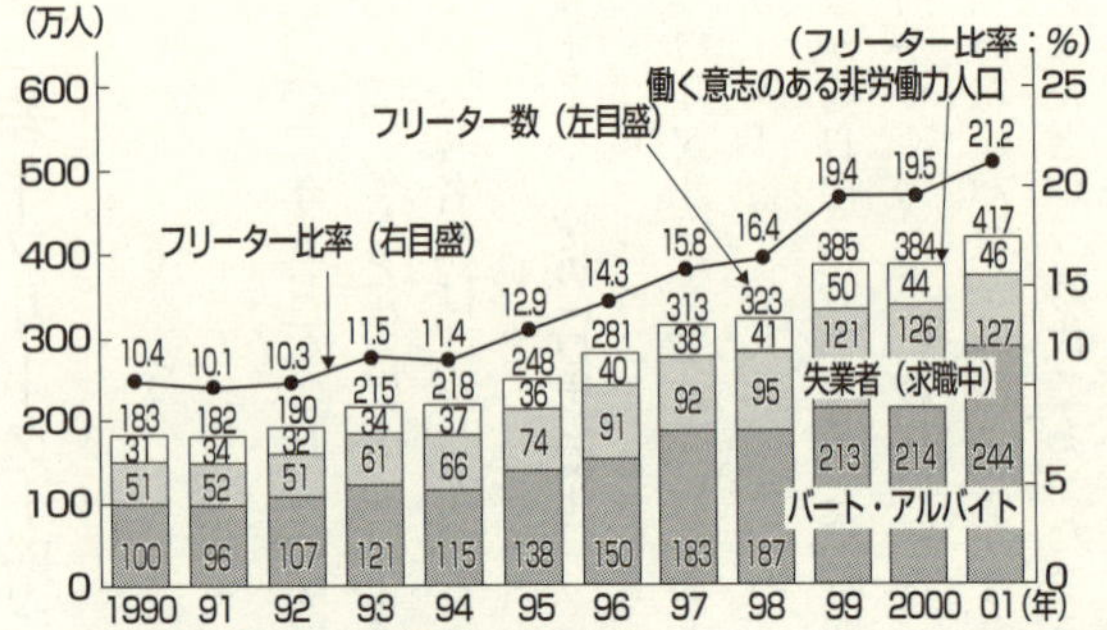

注：1．総務省「労働力調査特別調査」により作成。
　　2．「フリーター」とは，学生，主婦を除く若年のうち，パート，アルバイト（派遣等を含む）及び働く意志のある無職の人。
　　3．フリーター比率とは，学生，主婦を除く若年人口に占めるフリーターの割合。
　　4．対象は，15〜34歳の人。
資料：17-1,17-2とも「平成15年版国民生活白書」より

図表17-2　もともとフリーターになりたかった人は少ない

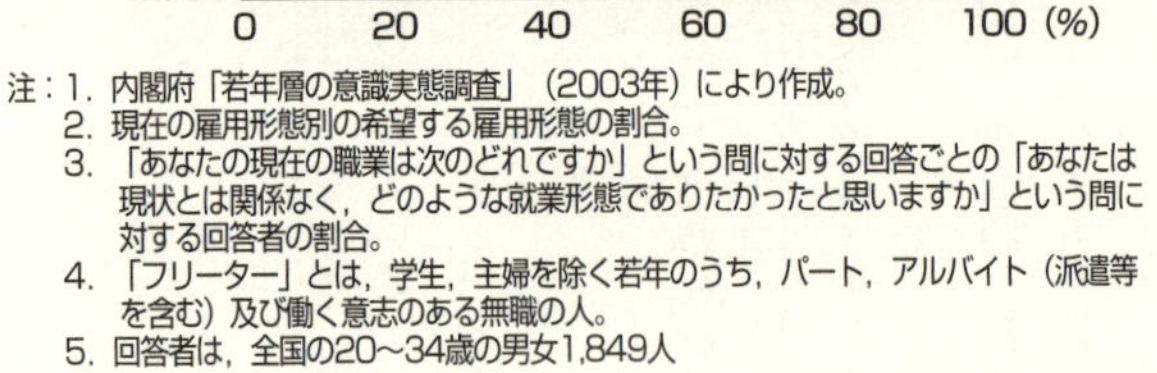

注：1．内閣府「若年層の意識実態調査」（2003年）により作成。
　　2．現在の雇用形態別の希望する雇用形態の割合。
　　3．「あなたの現在の職業は次のどれですか」という問に対する回答ごとの「あなたは現状とは関係なく，どのような就業形態でありたかったと思いますか」という問に対する回答者の割合。
　　4．「フリーター」とは，学生，主婦を除く若年のうち，パート，アルバイト（派遣等を含む）及び働く意志のある無職の人。
　　5．回答者は，全国の20〜34歳の男女1,849人

それから約一〇年経ち、若者をめぐる就職事情は大きく変化した。それにともなって、フリーターの性格も大きく変化している。その変化をとらえないで、「好きなことをして楽しく暮らして何が悪い」、「会社に行ってもリストラされるだけだ」などとフリーターを持ち上げるのは無責任である。

まず、問題はその数である。『国民生活白書』では、フリーターを「一五歳から三四歳の若年（ただし、学生と主婦を除く）のうち、パート・アルバイト（派遣等を含む）及び働く意志のある無職の人」としている。つまり、フリーターは、若者で、正社員以外で働いている人、失業者及び働く意志のある無業者（求職活動をしていなければ失業者とはならない）であり、ここからは、主婦（＝結婚している女性）と学生は除かれている。

内閣府は、その数を二〇〇一年時点で四一七万人とはじいている。これは、主婦と学生を除く若者の二一・二％を占めている。一九九〇年には、それぞれ一八三万人、一〇・四％であったから、倍以上の増加を示している。その間に、進学率（特に大学院進学率）が上がったことを考えると、未婚者の中でのフリーター率は、さらに高まっていることがわかる。

なぜ増えたのかという点に関して、いろいろな議論がある。よくいわれるのは、雇用形態が多様化して、若者が自由に就業形態を選ぶようになったというものである。正社員になったところで、会社に縛られるだけ、だから、給料は少なくても、自由に夢を追いかけられる立場でいたいという若者が増えたという説である。

†くずれる「フリーター＝好きでやってる」説

二〇〇三年版『国民生活白書』の最大の成果は、この「フリーターは好きでやっている」説を崩したことにある。一五歳から三四歳までの若者に対して詳細なアンケート調査を行い、「七割が正社員を希望」（東京新聞二〇〇三年五月三〇日夕刊）と報道されたように、もともとフリーターを希望してフリーターでいる若者は、一四・九％と少数にすぎないことを明らかにした。フリーターの七二・二％、約三〇〇万人の若者が正社員を望みながら正社員になれないで、バイトをしていると計算される。

また、「正社員に魅力を感じず、夢の実現のため技能の習得や独立自営を目指す才能あふれるフリーター像」というのも否定される。そのような若者も少しはいるが、全体から見ると、仕事能力や意欲に欠けるフリーターが大多数だからだ。今回の『白書』で注目されたのは、若者に限ると、正社員よりもフリーターのほうが、パソコン技能がかなり劣るという実態である。パソコンをほとんど使えない人が、正社員では二三・二％なのに対し、フリーターは三七・六％にのぼっているのだ（次章の図表18－1参照）。正社員になれば、パソコン技能は、無理にでも覚えさせられるだろう。つまり、能力がなくて正社員になれない、正社員になれないから能力がつかない、という悪循環が生じているのだ。

このように現在では、典型的フリーターとは、仕事能力もなく、正社員になれないので、しかたなくバイトをして小遣い稼ぎをしている若者たちということになる。このような若者たちが増えていることがわかれば、内閣府でなくとも、将来の社会に悪影響と「若年フリーター増に警鐘」(河北新報二〇〇三年五月三〇日夕刊)を鳴らしたくなる。

†若者を選別し始めた企業と経済の構造転換

『白書』では、フリーターが増えた原因として、デフレによる不況や雇用のミスマッチ(若者が希望する職種と企業等が望む職の乖離)を挙げている。確かにそのような面があるにしろ、私は、むしろ、構造的原因があると思えてならない。

私は、東京学芸大学の就職委員として企業訪問を行い、多くの企業の人事担当の方にお話を聞く機会を得た。そこで受けた印象は、「企業は、明らかに若者を選別し始めている」というものだった。どんなに儲かっている企業であれ、いや、好業績の企業だからこそというべきか、一〇年前に比べ、正社員採用を大幅に減少させている。

特に、いわゆる女性向きとされた一般職、高卒の正社員職は大幅に削減され、多くの企業が、その代わり派遣やバイトを増やすと回答していた。つまり、企業は、正社員として育てたい優秀な社員を少数採用し、単純労働の下働きは、使い捨て可能な派遣やバイトですますという姿勢が明らかなのだ。

その理由は、経済が構造転換して、企業の中でこつこつ仕事を覚えていく職が少なくなっていることによる。ものを作る工場の多くは海外に移転し、日本には開発、研究部門のみが残っている企業も珍しくない。そこでは、少数の技師、研究者そして海外の工場に派遣されるベテランの指導熟練工しか要らないのである。また、ファーストフードやコンビニエンスストアなどサービス業が伸びているが、そこでは、マニュアルさえ整っていれば、店長でさえもアルバイトで十分である。本社には、アルバイトを管理し、マニュアルを作る少数の正社員しか必要ではなくなる。携帯電話などの普及にともなって、ＩＴ産業が勃興しているが、これも、システム開発をするのは少数で、後の販売や宣伝そしてデータ入力は、大量のバイトによって担われている。

このように新しい経済システムは、不可避的にフリーターを増やす方向で進んでいる。では、このようなフリーターは、今後どうなるのであろうかという点を次章で分析する。

18章「若年フリーター増に警鐘」②

†やりたい仕事をめざしても将来は不安

四〇〇万人を超すフリーターの将来の姿を考えると、内閣府でなくともその将来が心配になる。

よく、なんとなくバイトをしているフリーターは悪いが、「やりたい仕事をする」という目的を実現するために努力しているフリーターは評価してよいという意見がある、というよりもそういう意見が多い。たとえば、朝日新聞でのコメントも、フリーターを悪く言うのはいかがなものか、というフリーター擁護論であった（朝日新聞二〇〇三年五月三〇日夕刊）。

私は、ここ数年、生命保険文化センターや厚生労働省の助成を受け、フリーターへのインタビュー調査を精力的に行ってきた。その中で、プロ野球の選手になりたくて、ファーストフード店でアルバイトをしながらバッティングセンターに通い、毎年プロテストを受けては落ちるということをくり返している二十代後半の男性に出会った。彼は、やりたい仕事をめざしてがんばっている人であるには違いないが、その実現可能性は低い。たとえ合格したとしても、年俸はそれほどもらえず、引退後（野球選手は三十代半ばで引退する人が多い）の生活の保障もない。どうころんでも、将来不安であることは変わりない。

†大学院は出たけれど――超高学歴フリーター

学歴が高くなっても、同じである。『平成一五年版国民生活白書』でも、「大学院を修了しても…」というタイトルのコラムで、オーバー・ドクター、オーバー・マスターの問題にふれられている。つまりは、博士課程や修士課程を卒業しても就職先がなく、大学院に残ったり研究生活を続けながら、非常勤講師や塾講師などのアルバイトで生活している人たちのことである。もちろん、彼らは、大学の先生や研究所等の研究員になりたいと思って研究を続けているのである。しかし、文部科学省の大学院拡充計画により、需給のアンバランスが生じている。

だいたい、大学の先生や研究所の研究員の需要は、毎年三〇〇〇人程度と見積もられている。大学の数は減る一方なので、この数が増える見込みはほとんどない。それに対して、大学院修士課程の入学者は、年約六万人。博士課程での博士号取得者は、年約一万人である。博士号をとらないで修了する大学院生もかなりいるので、博士課程に限ったとしても、大学の先生に「一生」なれない博士課程修了者は、少なく見積もっても毎年七〇〇〇人、多分、一万人くらいいるはずである。博士課程修了の超高学歴フリーターが毎年それだけ増えていく。まさに、「大学院は出たけれど」である。

同じことが、今、話題の「法科大学院」にも波及しそうである。二〇〇二年の司法試験合格者数は、一一八三人である。しかし、二〇〇四年度設立の法科大学院の定員は、申請分で五九五〇人にのぼっている。たとえ、合格者を三〇〇〇人まで増やす予定だとしても、数年後には、授業料を何百万円かけても司法試験に合格しない法科大学院卒業生が、毎年三〇〇〇人程度社会に送り出されることになる（法科大学院卒業生は、司法試験を三回までしか受けられない）。

†カタカナ職業は見えない世界

これらの高学歴フリーターの卒業生の適当な受け皿はあるのだろうか。ランクを落とせば中小企業の正社員くらいの口はあるが、いままでしてきた勉強、努力があまり役立たない世界に行かなくてはならないのだ。

そして、近年、カタカナ職業といわれる仕事に人気が集まっている。カメラ（ウー）マ

図表18－1　正社員に比べて低いフリーターのパソコン能力

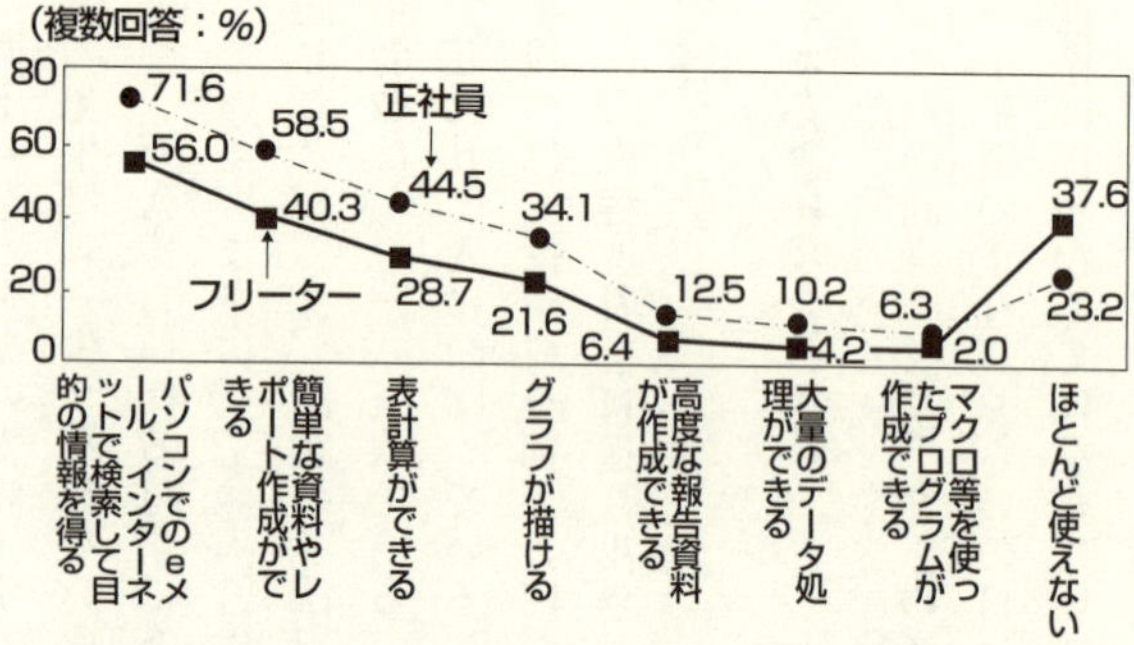

注：1. 内閣府「若年層の意識実態調査」（2003年）により作成。
2.「あなたはパソコンで次のような作業を行うことができますか。できるものすべてに○をつけてください」という問に対する回答者の割合。
3.「フリーター」とは，学生，主婦を除く若年のうち，パート，アルバイト（派遣等を含む）及び働く意志のある無職の人。
4. 回答者は，全国の20～34歳の男女1,849人。
資料：『平成15年版国民生活白書』より

ンやネイルアーチスト、声優、漫画家、ソムリエなどでの自立をめざすフリーターは何十万人といる。中には、夢をかなえる人も出てくるが、多くは、一生夢だけで終わる。特に、カタカナ職業は、どれくらい努力すれば、どの程度稼げるようになるかが「見えない」世界である。見えないだけに、夢をもつこと、つまり、自分でもなれるのではないかと思って始めることは容易だが、見切りもつけられないのがこのタイプである。

二〇～三〇年前なら、多少まわり道しても、男性なら最終的には正社員としての中途採用の道はあったし、女性なら正社員男性と結婚して生活を支えてもらうという道が用意されていた。なぜなら、労働力が不足していた時代には、途中から正社員として入り込むルートは広かったからである。しかし、前章で見たように、今は、産業構造が転換し、中核的正社員として育てられる労働者と使い捨てられる労働者が若いころから分けられ、溝が広がっている時代である。四〇歳になって別の仕事に就職しようとしても、その道はますます細くなる。その結果、安定した収入の男性も減少するから、主婦志向の女性にとって結婚相手たる男性も減少するのである。

†将来設計が描けない「なんとなく型」フリーター

夢をめざして努力しているフリーターでさえ、将来が不安である。単に正社員になれなくてフリーターになった「しかたなく型」のフリーター、将来結婚して夫に養ってもらうことを前提に派遣社員などをしている女性「なんとなく型」のフリーターは、将来設計が描きにくくなっている。

そもそも男性フリーターは、フリーターでいる限り結婚は絶望的である。女性フリーターのうち何割かは結婚できても、結婚できない女性も増えていく。

本人が若くて健康なうちは、単純労働や下働きのアルバイトで自分が生活する程度は稼げるかもしれない。親が元気なうちは、親にパラサイト（寄生）して、それなりにリッチな生活を送れるかもしれない。しかし、いつかは、働けなくなる日がくる。親が弱ったり、亡くなったりする日が来る。そのとき彼らは、どのように生活していくのだろうか。

フリーターたちに、将来設計をたずねると、「考えてない」「なんとかなるはず」と答える。考えると暗くなるから考えないことにしているらしい。

今は、まだ、フリーターの主力は三五歳くらいまでだから、問題は潜在化している。しかし、特段の技能もなく、職が不安定なまま中高年を迎える独身者は、確実に、生活が苦しくなる。彼らは、どのように感じ、どのように行動するだろうか。社会の不安定要因になることはまちがいない。

やはり、フリーターに対して、なんらかの社会的な対策を打たねばならない時期になっている。

19章　中年男性の自殺急増

長崎や渋谷などで、少年が加害者や被害者になる悲しい事件が続いている。私は、人生を長期的に考えることができなくなっている青少年が増え、自暴自棄になる子が出てきているのではないかというコメントを寄せた（東京新聞二〇〇三年八月二日朝刊、サンケイ新聞二〇〇四年六月一〇日朝刊）。

同じ悲しいニュースでも、中高年男性となると、その様相が異なってくる。

†経済生活問題を苦にする自殺、史上最高

二〇〇三年七月二四日に警察庁から自殺統計が発表された。「自殺、五年連続三万人超」（朝日新聞二〇〇三年七月二五日朝刊）と見出しが出たように、二〇〇二年の自殺者数は、三万二一四三人となっている。統計グラフを見ると、いろいろなことが見えてくる。全体で見ると、年齢別では六〇歳以上の高齢者、理由別では健康問題を苦にしての自殺が最も多い。ただ、ここ一〇年で見ると、一九九八年に自殺者数が一気に増えている。特に増加

図表19-1　自殺者数とその原因の推移

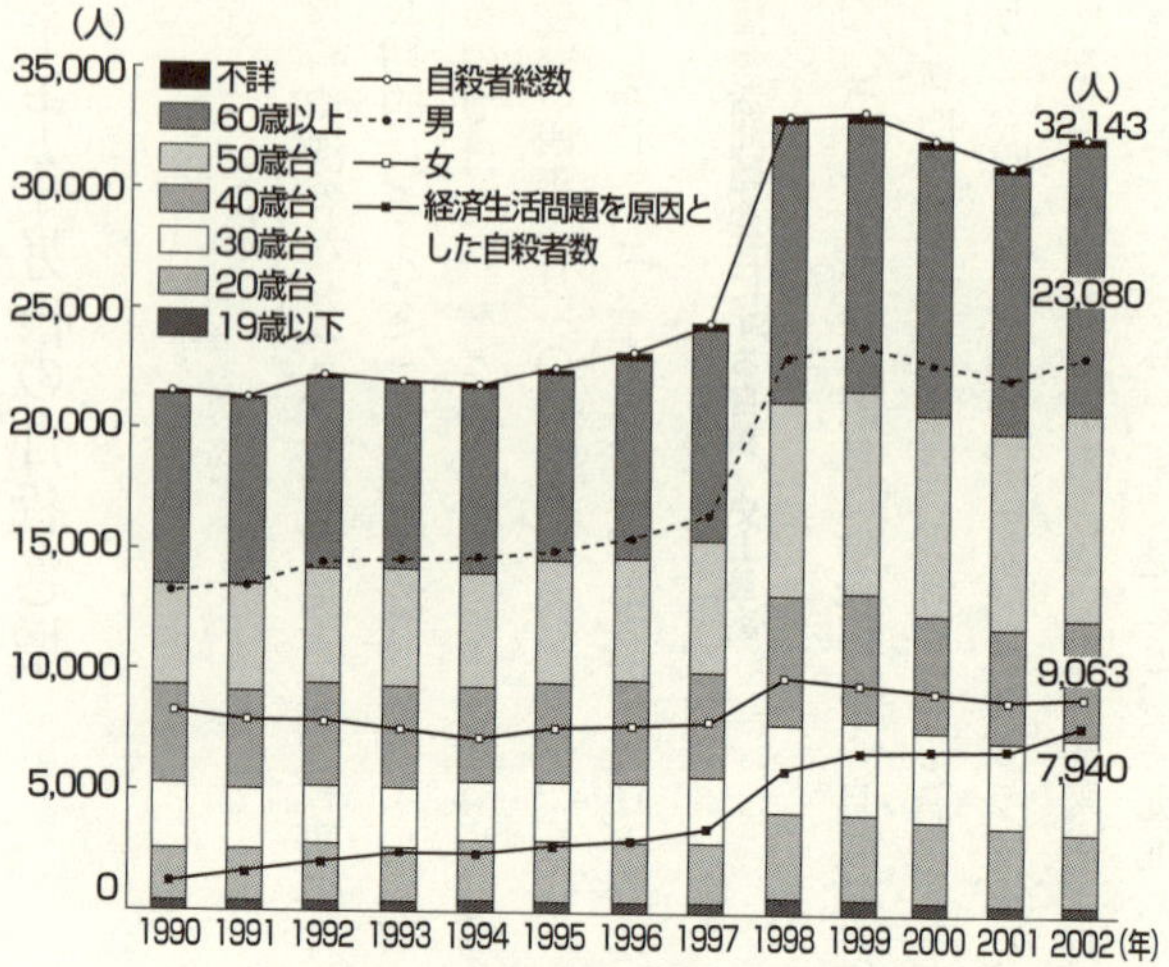

資料：「平成14年中における自殺の概要資料」（平成15年7月　警察庁生活安全局地域課）より作成

が著しいのは、五十代の男性、及び、経済生活問題を苦にしての自殺である。二〇〇二年もこの傾向は続き、経済生活問題を苦にする自殺は二〇〇一年よりも一〇九五人上まわって、七九四〇人となり、史上最高となっている（二〇〇三年の自殺者数は、更に増大し三万四四二七人となり、六年連続三万人超となった）。

　自殺に至る事情は人さまざまで、亡くなった方に聞くわけにもいかないので、正確なことはわからない。ただ、この経済生活問題での自殺には、日本特有の家族のあり方、特に、男性の立場が深くかかわってくる。

経済的動機での自殺が増えるのは、日本経済の状況と関連している。一九九八年に経済成長がマイナスとなり、不良債権が問題化、銀行の破綻や企業リストラによる失業率の高まり、何よりも貸し渋りなどによる中小企業の倒産が増え始める時期と一致する。一九九八年から始まる経済の構造転換による「大不況」が、自殺を増やした最大の原因であることはまちがいない。そのため、負債（借金）を負ったり、生活苦に陥ったり、失業で収入がなくなることなどで悩んで自殺する中年男性が増えているといわれている。そこで、私は、一九九八年問題と名づけたのである。

†隠された動機「男性のプライド」

しかし、日本は、まがりなりにもセーフティーネットが整った社会である。よく考えると、生活困難という理由で自殺する必要はないように思える。いくら借金があっても、「自己破産」というしくみを使えば、将来にわたる取り立ての苦しみから解放される。また、生活保護制度があり、一定の手続きをふめば、文化的最低限の生活が保障される。失業しても、失業保険が下りるので、次の仕事が見つかるまで、相当の額が保険から下りる。第一、豊かな日本社会である。健康でありさえすれば生活できないことはない。

それでも自殺するのは、経済的動機と言われるものの裏に、経済的でない動機が隠されているからだと考えられる。それは、経済的に妻子を養うという「男性のプライド」である。借金にしろ、生活苦にしろ、失業にしろ、自殺するのは、男性である。同じように困るはずの妻子が自殺するというケースはまれである。妻子を養う、いや、養うだけでなく、豊かな暮らしを保証することが自分の存在意義と考える男性が、失業、倒産などによってその役割を果たせなくなった自分に生きる意味を見出せず自殺に至るのだとすれば、その気持ちは理解できる。

新聞の自殺者数報道の少し後に、朝のワイドショーを見ていたら、犬を連れたホームレスの中年男性のライフストーリーが特集されていた。彼は、バブル経済崩壊の余波で自らの経営していた企業が倒産、借金を抱え、そのうえ、妻と子どもは自分を見限って、離婚して去ってしまったという。そのとき自殺を思い立ち、富士山麓の樹海まで行ったが、残される「飼っている犬」のことが心配で、死にきれなかったという話である。その後、ホームレスをしながら、ペットの世話に奔走する毎日というレポートであった。

「自分を必要とする存在」がいると思えば、いくら苦しくても、人間、自殺の実行まではしないものである。「もう自分が必要とされなくなった」という感情が、妻子を養うことが男性の役割という意識からきているとすると、「男は仕事、女は家事」という性役割分業の負の遺産に苦しめられている男性という構図が見えてくる。

†男女の性別役割分業が生む男性自殺の悲劇

そして、もう一つ重要な点にふれなければならない。

倒産による借金、失業などによって「夫役割」を果たせなくなった男性がいても、現実に妻子が見捨てて逃げ出すというケースばかりでない。再起をめざしていっしょに頑張ろうという妻子も多いにちがいない。しかし、ここに「生命保険」という罠がある。

日本では、普通のサラリーマンでも諸外国から見れば多額の生命保険に加入している。もちろん、一家の大黒柱を病気や事故で失うと生活が成り立たないからという理由もあるが、満期返戻金を見込んで貯蓄代わりに高額の保険をかけている例は、いまだ多い。

また、住宅ローンを組むと自動的に保険がセットされ、負債者である男性が亡くなったとき、ローンを返済しなくてもよいしくみになっている。また、自営業や小規模の会社経営者の場合、会社が保険をかけて、万一のときに、会社の借金を清算できるようになっている。民間の生命保険は、契約から一年から二年以上経っていれば(会社によって異なる)、自殺でも保険金が下りるからだ。

失業や倒産した場合、無職や低賃金の仕事をするよりも、死んで生命保険金をもらったほうが、妻子にとっては経済的には楽になるのだ。夫の死を願うような妻子はめったにいないが、夫側で、「オレさえ死ねば、妻子は楽に暮らせる、妻子に迷惑かけなくて済む」という気持ちが起きやすくなることも確かである。まだ、三十代ならやり直しがきくかもしれない。しかし、五十代で、失業や経営失敗で倒産した場合、いくら、「最低限の生活はできますよ」と言われても、失敗しなければ妻（子）に豊かな老後生活（パラサイト生活）を送らせてあげることができたのにという「男性的な責任感」が強い人ほど、自殺に走りやすいという報告もある。

「妻子を養う＝豊かな生活をさせる」という「男性」役割を果たす唯一の手段が、自殺というのは、悲しすぎる。

共働きが一般的な北欧では、失業率上昇など不況と自殺率の相関関係はみられない。スウェーデンでは、むしろ、失業が増大したら自殺が減ったという統計がある。男性が失業しても、女性が働いて生計を支えることができる。また、社会保障制度が整っているから、たとえ、失業しても、子どもの教育費や老後に大きな不安はない（これには、自殺には保険金が下りないというスウェーデンの生命保険制度が効いている可能性もある）。

つまり、日本における男女共同参画や社会保障制度の立ちおくれが、経済的動機による自殺を増やしているともいえるのだ。

20章 「犬だって鍼灸」――ペット狂想曲

本書の16章にも書いたように、私は、ペット家族論を提唱し、ペットを家族と見なして接する人々を調査研究してきた。そして、その数は、確実に増えているのである。マスメディアでも、ペット専門誌が何冊も創刊されている。新聞にはペット関係の欄ができ、テレビでも「私のペット自慢」といった番組が毎日のように流される。少子化により、子育て雑誌の部数は減り、子供向けのテレビ番組が減っている中でである。

最近は、ペットに関する新しいニュースを見ても、たいがい驚かなくなっている。ペットのお墓が売り出されたのは、一五年ほど前だったが、最近、ペットといっしょに入れるお墓ができ、新聞の折り込み広告にも入ってくるようになった。ペットが亡くなった時のペットロスを癒すためのカウンセラーはもちろん、ペット専用のお坊さんまで出てきた。

最近では、「ペット犬専用ホテル誕生」（日本経済新聞二〇〇三年七月一五日朝刊）というニュースもあった。最近は、ペットといっしょに泊まれる宿などが人気を集めているが、このたび、大阪のリーガロイヤルホテルが、敷地内に「ドッグホテルガーディアンズ」を併設し、スタンダード・ルームでなんと一泊八〇〇〇円。ソファを備えたスイート・ルームは一泊二万八〇〇〇円という設定である。この料金に人間の宿泊料は含まれていないことはいうまでもない。更に、バーバリーのコート（二万三〇〇〇円）、ウェッジウッドの餌の皿（八〇〇〇円）など、ブランド品も売り出された。

まあ、ブランド品やホテルなら、飼い主の「見栄」の一種として理解できるだろう。これだけお金をかけているという自慢の種と自己満足になるからだ。ペット自身は気にしていないだろうことは、容易に察しがつく。

しかし、さすがに私も、「犬だって『鍼灸《しんきゅう》』」という報道（朝日新聞二〇〇三年九月二一日朝刊）には、驚いてしまった。ペットのマッサージというのは聞いたことがあるが、犬に鍼を打ったり、お灸をすえるということは、犬にもツボがあるのかしらと思ってしまう。記事によると、獣医東洋医学会というのがあって、一九九八年から「小動物臨床鍼灸学コース」を設けているとのこと。特に、最近はペットが長命なため老犬、老猫のリハビリや、運動不足による肥満対策として鍼灸が有効なんだそうである。

†ペットへの「母性愛」

自分の飼っているペットの幸福を願い、その健康に最大限のエネルギーを使うというのは、近代社会に生活している親が子どもに対する態度、つまり、母性愛にそっくりである。

近代社会と断ったのは、社会が近代化される前、ヨーロッパなら一五世紀以前、日本なら明治維新前までは、「親が自分を犠牲にして子のために尽くす」という意識は一般的ではなかったからだ。乳児期は死亡率がきわめて高く、尽くしがいがなかったし、物心つけば、子どもは小さなおとなとして家業への貢献を求められたのである。子どもが守られるべき存在、そして、かわいがるべき存在として意識されるのは、近代以降の話である。

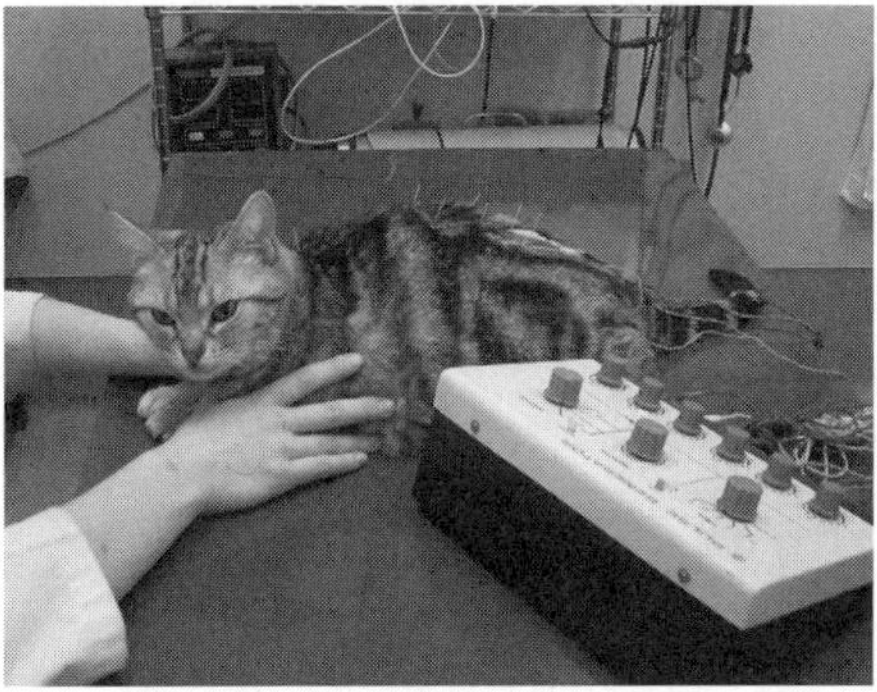

鍼を打たれる猫（写真提供：三阪犬猫病院。山田昌弘著、サンマーク出版刊『家族ペット』より）

そして、二一世紀を迎えた今、「ペット」が子どもの位置に座りつつある。ただ、子どもに取って代わったわけではなさそうである。

ペットにエネルギーを注ぐ人は、現に子育てに奮闘中の親にはあまりいない。むしろ、子どもに手がかからなくなった中高年の親、親同居にしろひとり暮らしにしろ未婚者、子どものいないカップルに多く見られるのだ。

図表20－1　犬を飼育している理由

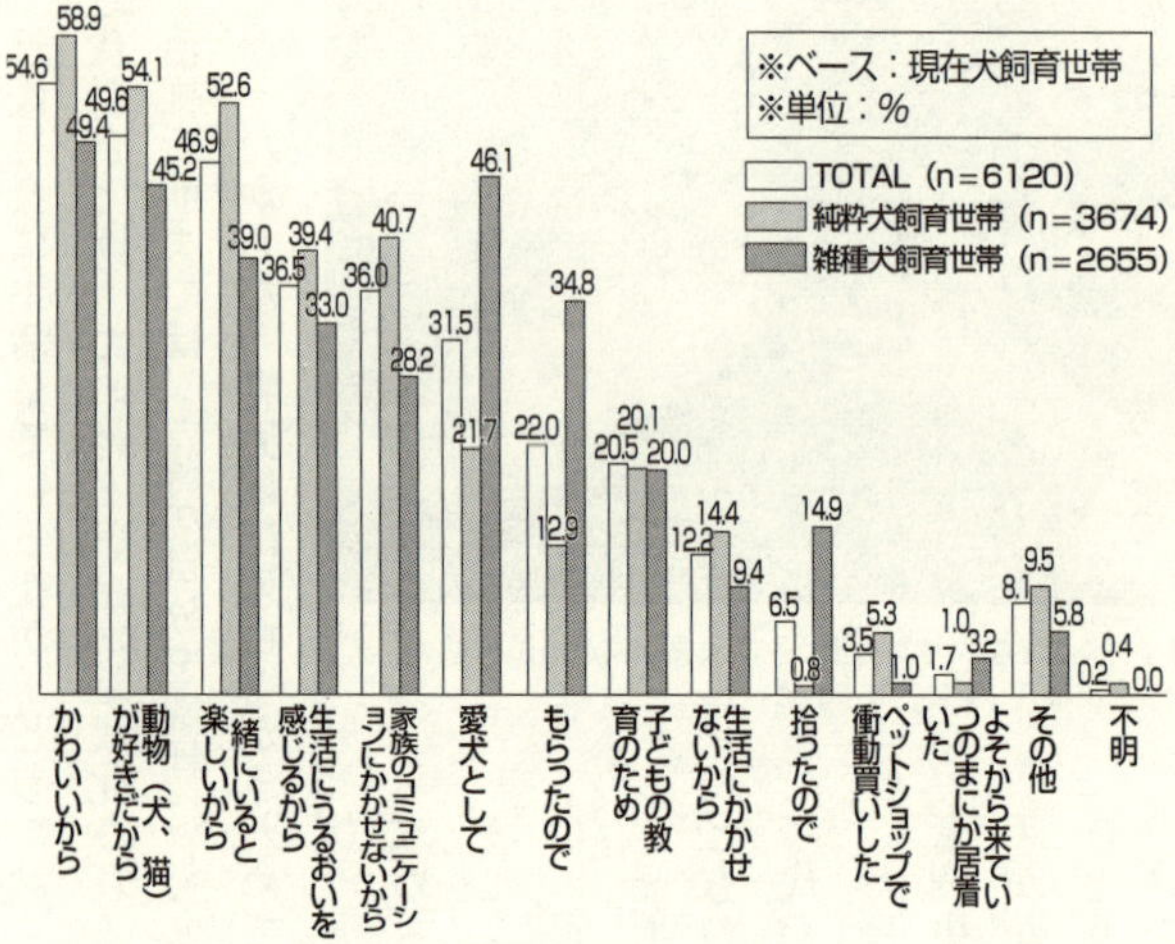

資料：第９回（平成１４年度）犬猫飼育率全国調査・ペットフード・産業実態調査（ペットフード工業会ホームページより作成）

私は、何人もの「ペット狂」と言われる人にインタビューを行っている。ある六十代女性は、猫の治療代を稼ぐために、清掃のパートに出始めたという。子どもも独立しているし、生活するには夫の年金があるので困らない。子どもの教育費やローンの足しにするために、パートに出るというのはよく聞く話だが、ペットのために働き出すというのも今後増えていくだろう。また、会社経営者の男性（五十代、妻子有り）は、犬といっしょに寝て、休日は必ず犬とドライブに出かけ遊んだあと、一人と一匹で河原で寝ころんでひなたぼっこをするのが楽しみだそうである。「ウチの○○ちゃんは、ビーグル犬の中でも美人犬で」と自慢げにいう口もとは、ほほえみにあふれていた。これらの例は拙書『家族ペット』(サンマーク出版)を参照していただきたい。

†少子高齢化社会の日本家族を救うペット

人間は、「自分が必要とされる存在」を求めてしまう存在である。

高度成長期ごろまで、ほとんどの人が結婚して子どもをもち、子育て中は子どもの世話や教育費を稼ぐことに忙殺され、子どもが成人するころには亡くなるか弱るかしていた。そんな時代には、「子どもにとって私は必要」という感情で子育て期を乗り切り、「子どもをりっぱに育てた」という余韻で自分の人生を終えることができた。「子どものため」というのを生きがいにして、うまくいった時代なのだ。

未婚化が進み、子どもがいない人が増えている。また、長寿化や年金制度の整備により、子どもを成人させたあとでも元気で豊かな中高年が増えている。そのような人々の心のすき間に入り込んでいるのが、「ペット」なのである(もう一つが、私の言う「パラサイト・シングル」なのだが)。「私を必要としてくれる存在のためにがんばる」というのが生きがいなら、まさに、ペットが生きがいを与えているのである。

ペットがいなければ、先ほどの女性は、結婚した娘のところに押しかけて孫の世話をしたかもしれないし、先ほどの男性は、若い女性を愛人にしてエネルギーを注いだかもしれない。前章で書いたように、倒産して離婚された男性は、ペットがいなければ自殺していたかもしれない。

「ペットが日本家族を救っている」というのは、言いすぎだろうか。

とすると、今後、家族が不安定になればなるほど、ペットにお金をかける人が増え、ペット関連産業がいちばんの成長産業になっていくのは、まちがいない。商売を始めるなら、人間にあってまだペットになされていないものを作ったり、サービス業を立ち上げるのがいちばんである。ただ、犬(に対する)家庭教師はいるし、ペットマッサージもあるし、ペット用ジュエリーもあれば、ペット仕様の乗用車まである。素人の私が考えつくような商売は、もう、だれかが始めているにちがいない。

21章　家族を映す年賀状

日本には、年賀状という習慣がある。大多数の読者の方は、年賀状を習慣として出しているにちがいない。ただの習慣だからといって、年賀状をやめるには覚悟がいる。

一五年ほど前、私のゼミ生で、「年賀状は虚礼であるから、私は書かない」と宣言した男性がいた。しかし、さすがの彼も、音を上げた。書かなくなって三年経ったら、正月に一枚も年賀状が来なくなり、寂しい思いをしたそうである。「先生、今年は出すから、必ず返事書いてください」と言うのを聞いて、年賀状の力は大したものだと感心した。

†時代とともに変わる年賀状

年賀状自体は平安時代からあったそうだが、一二月中に出して一月一日に一斉に配達するという年賀状のシステムができたのは、今から一〇〇年くらい前の、一八九九年（明治三二年）のことである。近代郵便制度ができてから、十数年しか経っていない。このシステムを発案した人は、一〇〇年後に取扱量が四〇億枚になり、郵政事業の収益の柱になっているとは想像できなかったろう。

戦後、一九四九年（昭和二四年）には、お年玉くじ付き年賀はがきが発売される。この発案も天才的である。一月中旬に抽選があり、「家庭用品」（第一回の一等商品はミシンである）が当たるというシステムは、年賀状を「家庭の行事」として定着させるのに力あったにちがいない。当選品の変遷を見ると、まさに、家族がみんなで楽しめる品々、当時のあこがれの品々が並んでいるのである（一九五五年〔昭和三〇年〕は電気洗濯機、近年は液晶大型テレビ）。一九四九年の発行枚数は、一億八〇〇〇万枚、近年は四〇億枚前後（官製分）で推移している。

最近では、電子メールの普及にともなって、電子年賀状も登場している。また、年賀状作成の技術も年ごとに向上し、イモ版から簡易謄写版（商品名「プリントごっこ」）を経て、パソコンで作成するまで、多種多様な年賀状が登場するようになった。

†ペットからパラサイト・シングルまで家族観を映す年賀状

さて、問題は、年賀状の中身である。年賀状は、年始の挨拶の代わりである。新年を迎える喜びをともに祝うのがたてまえであろう。住所変更などの情報源としても欠かせない。年賀状だけを交わす仲といっても、人的ネットワークを広げ、確認するという意味でも役に立つ。

しかし、ここまで習慣として普及すると、年賀状は、本来の用途とは別の意味をもち始めている。それは、年賀状の内容が、年賀状を出す人の「家族観の表現」となっていることである。

ペットを家族と考える人は、ペットの名前を年賀状に書き込むことを忘れない。以前、四十代の方から「家族が増えました」という年賀状をもらってびっくりしたことがある。高齢出産かと思いきや、よく読むとペットの犬が子犬を産んだということだった。16章で取りあげた「プリモプエル」の名前や写真を年賀状に入れる人は多いのだろうか。もし、プリモプエルが写った年賀状を受け取った方がいらっしゃったら、山田までご一報いただきたいくらいである。

夫婦別姓を実践している人は、その思想を宣伝する最大のチャンスである。姓を別にしてふたり並べ、女性の名前が先に来れば、先進的夫婦別姓家族が演出される。家族と個人は別だと考える個人主義者は、結婚しようが子どもが生まれようが、自分だけの名前で出し続けるだろう。

近年、写真付きの年賀状がますます増えた。一〇年くらい前までは、ネガを写真屋さんに持っていって作ってもらったものだが、今は、デジカメで画像を取り込めば、だれでも簡単に作れるようになった。その写真が、家族の姿そのものを表しているからおもしろい。

学生時代、ある友人が、自分の姿を映した年賀状を出したことがあった。これは、個人主義以上に、自分ひとりに自信がある人なのであろう。

私が使い始めた「パラサイト・シングル」の例もある。私の友人が、二〇歳にもなる息子の写真を貼った年賀状をもらったそうである。子どもが小学生くらいなら、子どもだけ写っていてもご愛敬だが、いくらりっぱに育てた自慢の息子でも、成人した大きな息子の写真を年賀状に貼るのはいかがなものだろうか。親が成人した子どもを甘やかし、寄生(パラサイト)させている状況を想像させてしまうのである。

†しあわせな家族像の裏にあるドラマ

このような例外的な年賀状を目にすると、かえって、年賀状に描かれる家族像のスタンダードが浮かび上がる。それは、夫婦と未成年の子どもが微笑んでいるという家族像である。赤ちゃんだけの写真であっても、「新しい家族ができました」ということばを添えて、両親の名前が書いてある。まさに、典型的な「しあわせな核家族像」なのだ。写真がなくても、夫の名前が大きくあり、妻や子どもの名前が小さく続く。祖父母は同居していても、たいがい排除されている。

つまり、年賀状とは、「私たちはしあわせな家族を営んでいます」と世間に宣言する手段なのだ。しかし、現実の家族は、必ずしもしあわせとも限らない。知り合いや友人の話などを聞いていると、実は、夫婦が離婚寸前だったり、親子の断絶があったり、子どもが不登校だったりするケースがけっこうある。それほどでなくても、子どもが生まれた途端に、育児分担をめぐって夫婦の闘争が始まったり、保育園探しに奔走して、疲れ切っている親がいるのだ。ベッドでしあわせそうに微笑む赤ちゃんの裏には、たいへんなドラマが展開しているはずである。

まさに、年賀状の中だけに、理想的なしあわせ家族が存在しているかのようである。もらう側にとってはどうだろうか。「しあわせな家族像」の押しつけとしてプレッシャーを感じる人が少なければいいのだが……。

22章　年金、年金、また年金①

年金に関する議論がさかんである。

二〇〇三年九月一二日には、厚生労働省社会保障審議会・年金部会が、年金制度に関する意見書を提出すると、一〇月には、日本経済新聞や読売新聞で年金問題の特集連載が組まれた。毎週、どこかの週刊誌が年金特集を組んでいるし、テレビでも、あなたの年金はどうなるという特番も放映されるようになった。そして、厚生労働省の年金キャンペーンのポスターに使われた江角マキ子さんの国民年金保険料未納の発覚がきっかけとなり、大臣や国会議員の年金未加入、未納問題が公になり、とうとう、福田康夫・官房長官、菅直人・民主党代表の辞任にまで発展した。年金について議論された国会というよりも、年金をきっかけに大臣や党首の辞任に発展したという意味で、二〇〇四年の国会は、年金国会といってもいいだろう。そして、紆余曲折を経て、現在の制度を微修正する年金改正法が、二〇〇四年六月に成立した。

日々の記事でも、確定拠出年金の運用益が下がった、年金基金を解散する企業が増えた、国民年金の未納率が上昇した、離婚した場合の年金分割が提言され専業主婦の空白期間を救済する等、年金に関するさまざまな話題が大きく報道されるようになった。

†社会の変化に追いつかない年金制度

しかし、これだけ報道されていても、何が議論されていて何が問題であり、どんな結果になるのか、わかりにくいのではないだろうか。一般の人も、マスコミも、「自分の年金はもらえるかどうか」「損か得か」という議論だけに関心が集中しがちである。それだけ年金の仕組みが硬直し、複雑化しているともいえる。一応家族社会学を専門にしている私でも、年金のしくみや考え方を簡単に理解することはできないくらい、複雑なモノになっているのだ。

年金制度がここまでこじれた原因は、社会・経済システムの変化に年金制度が追いついていないからである。追いついていないというよりも、社会や経済が変化しているのに問題を先送りして、その場しのぎの対応をしてきた「つけ」がまわってきたのである。

ここでは、大きな視点から、年金制度をみてみよう。

†崩れ始めた高度成長期の前提

現行の年金制度は、経済の高度成長期には「当然」と思われた次の三つの前提をおいて、組み立てられていた。

①出生率が安定し、若年人口は増え続ける。

②「サラリーマン—主婦型家族」が安定している。

③男性の仕事は安定し、収入が増大する。

一九七五年ごろからこの前提が崩れ始める。しかし、抜本的な制度改革はなされずに、前提が完全に崩れた現在、三つの問題が「同時」に出てきてしまったことが、年金問題を深刻にしている。

(1)少子高齢化の進展によって、年金全体の収入、支出のバランスが崩れている。

基礎年金の三分の一は税金で賄われているが、残りの部分や厚生年金は、「実質的に」現役世代の負担で賄われている。経済の高度成長期には、合計特殊出生率（女性一人当たりもつ平均子ども数）が二人を上回っており、このシステムは、うまく機能するはずであった。

しかし、一九七五年から少子化が進展し、子ども数が減少、ということは、年金を拠出する現役世代が徐々に減少していることになる。そのうえ、これ自体は喜ばしいことだが、寿命の伸びが予測以上に進み、長生きし高額の厚生年金や厚生遺族年金を受給する高齢者の数が急上昇している。拠出する人数が減り、受給する人数が増えているのだから、破綻するのは目に見えている。年金制度改正のたびに、受給年齢の引き上げや現役世代の拠出額の引き上げを行っている。本来なら、現在、年金を受け取っている人の受給額の大幅引き下げを行うべきなのだが、高齢者の政治力、つまり、「票」がこわくて誰も言い出せないのだ。

(2)高度成長期には、九五％の人が結婚し、離婚は少なかった。そして、フルタイムで働く女性は少数だった。

自営業者（その家族従業者）は一生働き続ける、もしくは、子どもに家業を譲って養ってもらうことを前提に低額の国民年金に加入した。残りの大部分は、男性が被雇用者として働き、女性は専業主婦、もしくはパート主婦で、引退後は、比較的高額の夫の厚生年金で暮らし、夫が亡くなったあとは、厚生遺族年金で暮らすというパターンが一般的であった。

女性にとってみれば、自営業者やサラリーマンと結婚して離婚せず、経済的に夫に従属

図表22-1　年金制度の体系（平成14年度末）

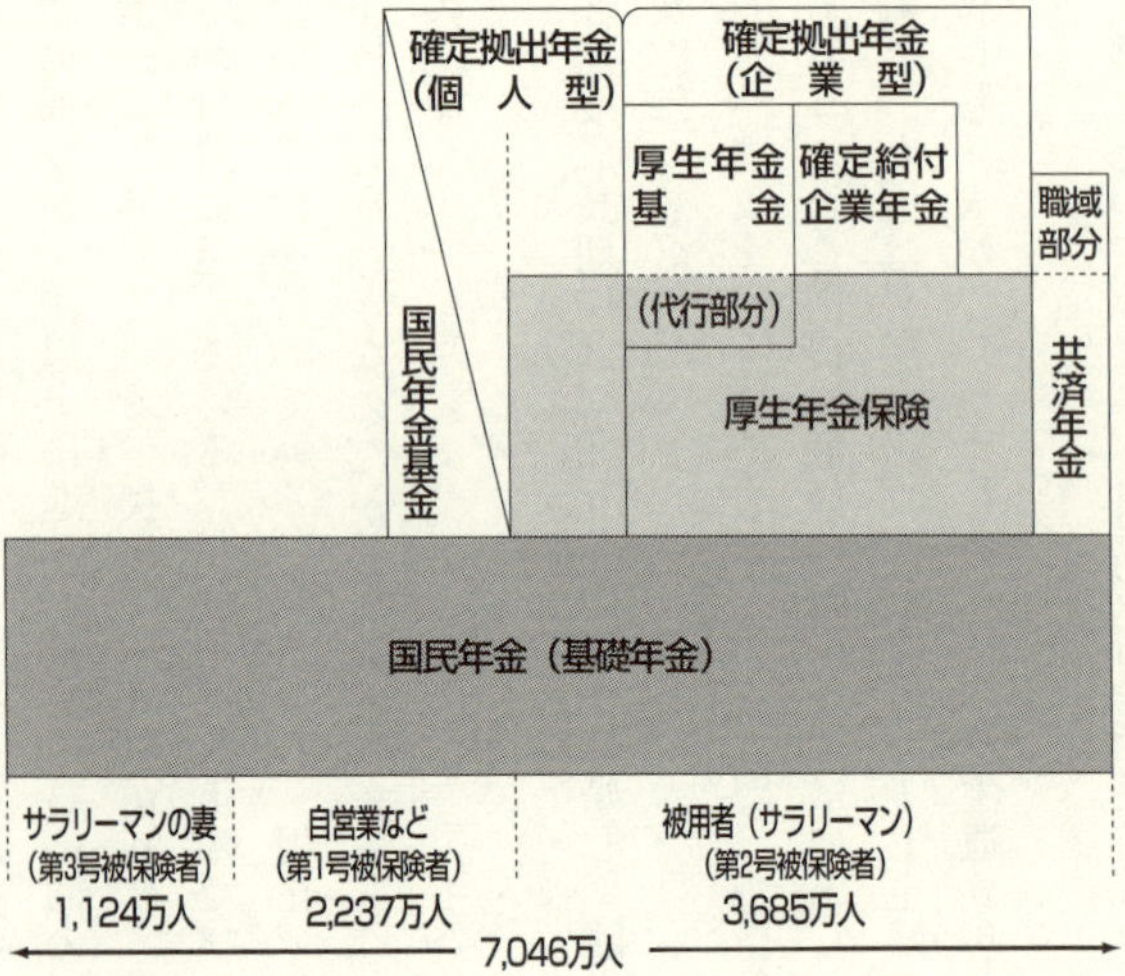

資料：厚生労働省ホームページより作成

していさえすれば、一生安泰という制度である。

†厚生遺族年金がくせ者

実は、この厚生遺族年金がくせ者なのである。現行制度では、男女で取り扱いが異なっている。年金受給者である夫が亡くなれば、女性は何歳であっても、死ぬまで一生高額の年金を受け取れるのだ。

たとえば、月収五〇万円くらいの六〇歳のサラリーマン男性と二〇歳の女性が結婚し（再婚でもよい）、男性が六五歳で亡くなると、その女性は働かなくても、月二〇万円程度の遺族年金が一生支給される。単純に総額を計算すると、五年間結婚した代償として、平均寿命が八五歳だとすると、二〇万×一二月×六〇年＝一億四千四百万円もらえるのだ（私が見聞きした中で二十代の外国人女性が高齢の日本人男性と結婚し、数年の結婚生活後に夫が死亡、妻は出身国に帰り、未成年子加算分も含め年二〇〇万円程度の年金を日本から送金してもらい、物価が安いところでリッチな生活を送っているというケースがあった）。

彼女らへのお金は、ほとんど、現役世代のサラリーマンが負担しているのだ。一方、専業主夫の男性であれば、働く妻が亡くなっても、六〇歳にならなければ、厚生遺族年金は受給できない。

つまり、結婚した女性は一生夫に扶養されることを前提とし、男性は、六〇歳まで自分で働くことを前提としている制度なのである（二〇〇四年の改正で、受給要件が多少厳しくなり、夫死亡時に三十未満の女性には五年間のみの給付となった。次回の改正時には、この制度はなくなる可能性があるから、今後、この戦略がうまくいくかどうかは、微妙である）。

以上述べたケースは例外である。しかし、この遺族年金という制度は、家族形態に関して、「中立的」ではない。専業主婦は、離婚してしまえば、厚生年金や遺族年金の恩恵を受けられない。

たとえば、専業主婦（もしくは、パート主婦）が熟年離婚してしまえば、現在なら月七万円弱の基礎年金しか受け取れない。昔なら、無年金状態におかれてしまった。夫が別の女性と再婚して、すぐ亡くなれば、年金は、全部新しい妻である女性が持っていってしまうのだ。夫が浮気しようが、あまり家に帰って来なかろうが、夫が死ぬまでがまんすれば、遺族年金が手に入る。となると、いっしょにいるのが不愉快であるほど嫌いであっても、離婚を思いとどまったほうが得である。それゆえ、日本では、家庭内離婚が多かったのだ。

今、未婚者や、離婚が増え、フルタイムで働く女性も増えている。「サラリーマン―主婦」という年金制度の前提が崩れていることは、明らかである。③の点に関しては、次章で。

23章　年金、年金、また年金②

先日、名古屋でタクシーのラジオをなにげなく聞いていると、なんでも電話相談の中で、三十代の主婦が「私はいくら年金がもらえるのでしょうか」とたずねる場面があって、その真剣なようすに、思わず苦笑してしまった。年金が議論されるようになってから、自分の将来もらえる年金額を確かめるため、社会保険庁への問い合わせが急増していると聞く。

†年金制度＝単なるお金の再配分

年金制度は、政治家なら絶対扱いたくないテーマである。道路や教育、防衛問題なら、お金や人材をどのように使うか、使わないかということで論戦ができる。しかし、年金は、基本的に、集めたお金をただ単に「再配分」するだけである。年金制度は何も生み出さないし、新しく何かをするわけでもない。ただただ、お金の流れをつくり出しているだけなのだ。だれかが得をすれば、必ずだれかが損をする。現在の年金を増額すれば、現役世代が損をする。現役の負担を少なくすれば、年輩者が損をする。税金でまかなうといっても、税金も国民のお金であるから、お金の回るルートを多少変えるだけである。そのうえ、制度が変わる年によって、自分が損する側にまわったり得する側にまわったりする。

二〇〇四年の年金制度改正のひとつの焦点が、専業主婦の扱いとパートタイマーの扱いであった。日本経済新聞では、女性から見た、厚生労働省年金改革案を特集し（二〇〇三年一一月二五日夕刊）、専業主婦（第三号被保険者〔注〕）からの徴収は見送り、夫婦の年金分割の提言、パートタイマーの厚生年金加入基準の引き下げ答申について、それぞれ、「専業主婦の負担あいまい」、「働く意欲を阻害」、「パート負担増」などと論評した。

〔注〕第三号被保険者制度：

一九八五年の年金制度改正による基礎年金制度の導入にともない創設された制度。これにより、第三号被保険者には、保険料負担なしに自動的に基礎年金の受給資格が生まれることとなった。基礎年金額は、現在、月約七万円弱。

第一号被保険者＝自営業者・農業者等の国民年金加入者

第二号被保険者＝給与所得者・厚生年金または共済年金加入者

第三号被保険者＝第二号被保険者の被扶養配偶者

特に、夫の厚生年金を夫婦で分割できる案となったのは、離婚した場合、妻の生活を保障するためだが、これは結局、「収入の高い夫」をもつ専業主婦に有利で、「収入が低い夫」をもつ専業主婦や「共働きをしている」妻に不利な制度である。逆にいえば、「共働きしている夫」に有利で、「年収が高く専業主婦をもつ夫」に不利な改正案である。

これらの改革「案」（そして、それがほぼ実現した「年金改革法」）は、前章で述べた(2)「離婚や共働き」の増加による家族形態の多様化、および、(3)短時間勤務やフリーターの増加による雇用形態の多様化への対応をめざしている。

†ライフコースの不確実化

しかし、ほんとうの問題は、別のところにある。年金改革法では確かに、一生専業主婦である人、一生共働きである人、離婚して再婚しない人、一生パート就労している人に対する対策は盛り込まれている。そして、モデル家族として取り上げられるのは、そのような家族なのである。しかし、今、起こっていることは、単にいろいろな家族形態や就労形態をとる人がいるということではない。これに加えて、一生を通じて家族形態や就労形態が「変化する」ということが生じているのである。

たとえば、ある女性が、結婚前は外で働いて厚生年金に加入し、結婚して夫の扶養者になって第三号被保険者になり、夫が脱サラして自営業になった途端に国民年金にかわり、自分がパートで働き出して厚生年金に加入し、熟年離婚して夫の厚生年金分の年金分割を受け、年下の男性と再婚してまた第三号被保険者となり、夫が亡くなったら、どの年金をどう受け取ればよいのでしょう――というのが、ファイナンシャル・プランナーの試験問題に出そうなケースである。

ひとりの人間が、さまざまな家族形態や職業形態を経験する場合、どのように制度を構築すれば「公平」になるのか、つまりは、だれも「得」も「損」もしないのか、制度が複雑になればなるほどわからなくなる。今回の改正の「年金分割」で、再婚、再離婚のケースなどが出てくれば、さらに計算が複雑化するだろう。

それ以上に問題なのは、「将来の生活形態」が予測不可能になっている点である。結婚したくてもできないかもしれない。離婚したくなくてもせざるを得ないかもしれない。夫が失業するかもしれないし、起業するかもしれない。将来、自分がどのような家族経験、職業状態を経験するかは、事前にわからない。つまり、年金をもらい始める時点まで、どのような家族形態をたどり、どのような職業形態（配偶者も含めて）をたどっているかわからないということである。

図表23-1　2004年6月5日成立の年金改革法の主な内容

	現在	将来
▽**保険料**		
厚生年金	年収の13.58%	年収の18.30%（2017年度以降）
毎年0.354%ずつ引き上げ（2004年10月から）		
国民年金	月1万3300円	1万6900円（2017年度以降）
毎年280円ずつ引き上げ（2005年4月から）		
▽**給　付**		
厚生年金（モデル世帯）	現役世代の59.3%	50.2%（2023年度以降）
国民年金（40年加入）	月6.6万円	6.55万円（2023年度以降）
▽**国庫負担**	基礎年金給付費の3分の1	段階的に2分の1（2009年度まで）
▽**保険料の減免制度**		
育児休業中	1年	3年　（2005年4月）
専業主婦	過去の届け出忘れは年金未加入扱い	救済　（2005年4月）
国民年金保険料	収入に応じ2段階	4段階（2006年7月）
▽**60歳以上の会社員**		
60-64歳	年金一律2割カット	廃止　（2005年4月）
70歳以上	年金減額措置なし	収入に応じ減額（2007年4月）
▽**離婚時の厚生年金分割**	不可	可能　（2007年4月）
▽**遺族年金**		
子のいない30歳未満の妻	無期限で受給	5年有期に（2007年4月）

注：金額は毎年賃金が増えるなどの前提を置いた試算
出典：日本経済新聞　2004年6月5日夕刊

†自分の寿命はわからない

年金制度は、「自分の寿命がわからない」＝「いつまで長生きするかわからない」から、社会保険として運営されている。自分で老後の資金準備をするとなると、八〇歳まで用意して一〇〇歳まで生きた時に困ってしまうし、一〇〇歳まで用意して六五歳で亡くなれば使えなくて損になる。

この長生きしたときに人並みの生活ができなくなる「不安」を和らげようというのが、年金制度の本義である。いくら、不信が高まっているからといって、今のところ、国が運営する年金は、最も信用がおけ、税金が投入されるが故に、最も有利な保険である。

では、現在、四割に迫る国民年金未納率の高さはどうしてなのだろうか。ある三十代半ばのフリーターの若者に、なぜ年金を納めないかと聞いたところ、「五年先の生活がどうなっているかわからないのに、五〇年先の心配なんか出来ない」という答えが返ってきた。つまり、保険料を納めることができるのは、現在の生活が安定していて、心理的に余裕がある人なのである。不安定雇用の若者が増えていることが、未納率の高さに影響している。

現在は、予測できないのは、自分の寿命だけではない。数年先の家族形態や職業形態まで予測できなくなっている時代である。現行の年金制度、それを多少手直しした改正程度では、「老後、人並みの生活ができるだろうか」という不安を解消するには、ほど遠い。

24章「中高年独身者の五七・四％が将来に対して不安」

†夫による生活保障＝「愛情の印」

前章の年金制度と同じく、従来の「生命保険」もモデル家族、つまりは、夫がサラリーマンで妻が生涯専業主婦の家族を前提としていた。ほとんどの人が結婚し離婚が少なく、終身雇用、年功序列慣行によりサラリーマンの収入が安定し増大している時代（高度成長期）には、専業主婦の唯一の不安は、夫の死であった。専業主婦の妻がいなくてもサラリーマンはサラリーマンであるが、夫がいなければ専業主婦を続けることはできない。夫の定年退職後なら、遺族年金をもらうことができるが、現役のまま亡くなれば、通常、無収入の妻（プラス子）が取り残される。それゆえに、高度成長期に、民間（プラス郵政省）の生命保険が、夫の死という生活リスクに備えるため、急速に伸びたのである。

先日、テレビ番組「新婚さんいらっしゃい」（テレビ朝日、二〇〇三年一二月一四日放送）で、夫に生命保険に入れと迫る専業主婦が、生命保険は「愛情の印」なんだとくり返し述べる姿を放送していた。本書19章の「中年男性の自殺急増」のときにも述べたように、「夫が生活保障をすること＝夫の愛情表現」というロジックが、まだ残っている。

†モデル家族復帰願望と女性の独身者に多い生活不安

しかし、ここ一〇年、生命保険契約高の減少が続いている。生命保険会社の破綻やデフレによる保険料の上昇、不況で保険料が家計の見直しのターゲットにされているという理由もあるが、いちばん大きい理由は、家族形態の多様化である。妻がフルタイムで働くケースが増えれば、夫の死亡によるダメージは少なくて済むから、かけ金は少なくてよい。それ以上に、結婚しない人、結婚しても子どもをもたない人、離婚が増えていることが大きい。つまり、保険をかけようとしても、かける相手や残す相手がいなくなっているのだ。

そこで、生命保険会社が、近年力を入れているのが、病気や後遺障害の時の保障、老後の生活保障である。そこで、生命保険文化センターが、その不安が最も強いと思われる中高年独身者の状況を調査し、新聞などで報道された。

フリーター調査などでは、「若者」の定義を三四歳まで広げることが多かった。この調査では、「中高年」をその後の年齢、三五歳から五四歳までをとっている。この年齢層の未婚者は、男性二九六万人、女性一四四万人である。さらに、既婚でも、配偶者と離別・

図表24-1　中高年独身者の生活満足度（性別）

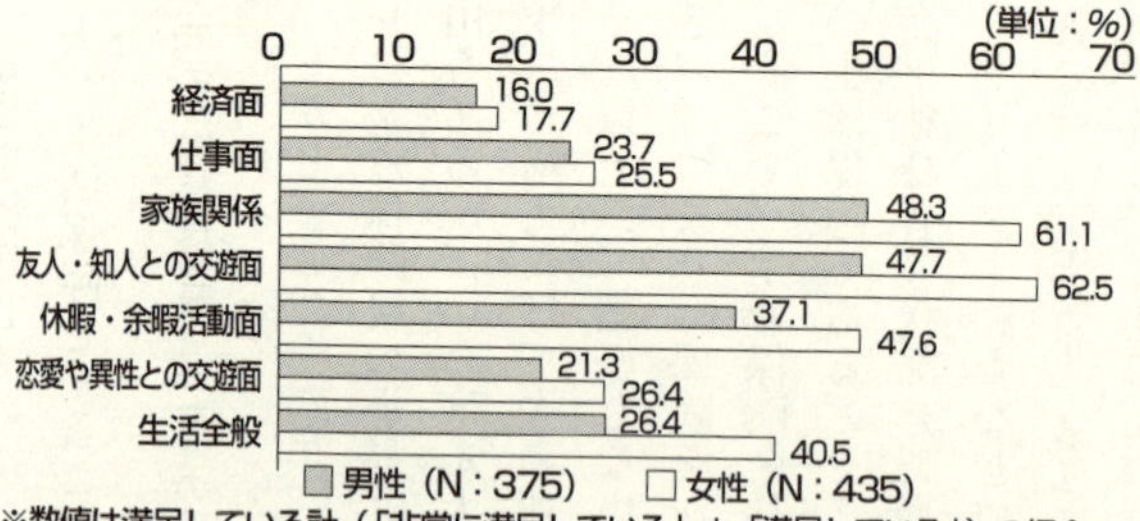

※数値は満足している計（「非常に満足している」＋「満足している」）の場合

図表24-2　独身生活のデメリット（上位5項目）

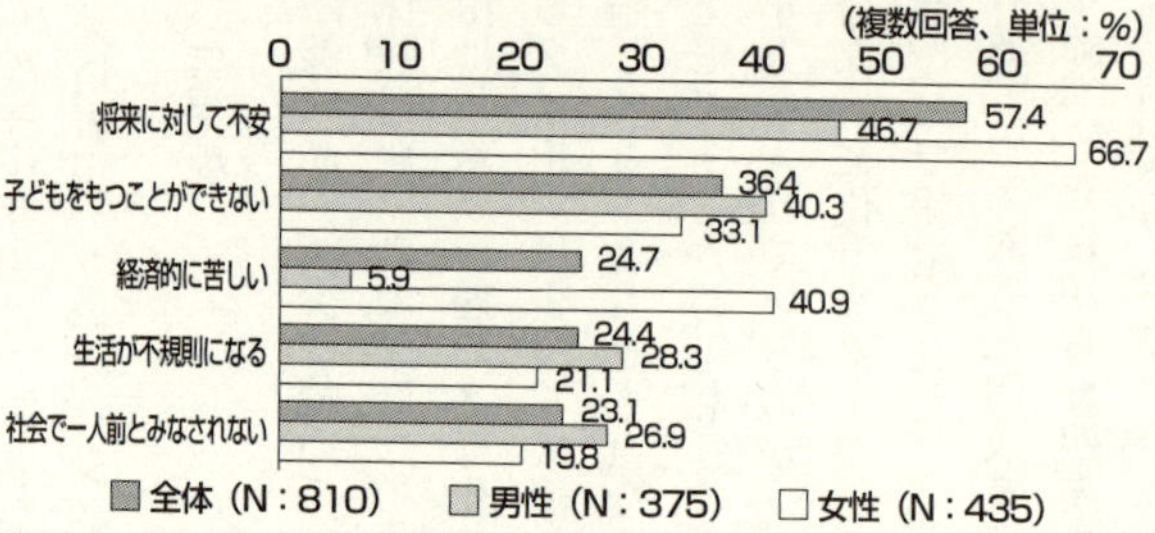

資料：24-1,24-2とも（財）生命保険文化センター「生活設計と金融・保険に関する調査」第5回

死別後、再婚していない人が「独身者」として加わるので、少なく見積もっても五〇〇万以上の中年独身者がいることになる。

この調査でも、純粋なひとり暮らしの独身者は、わずか三二・三％である。離死別者がほぼ二五％含まれているので、子どもと暮らす人が二割くらい、親と同居する人が五割くらいいる。パートナーがいないといっても、家族と同居している人が、三分の二以上を占めている。この点が欧米とは異なっている。

結婚意向を見てみると、未婚者で七〇％、離死別者で三二％が結婚意向をもっているし、子どもがいない人でも約半数が子どもをもちたいと思っている。

調査結果をみる限り、独身者といっても、パートナーがいる中高年に比べて、際だって異なった意識をもっているわけではないことがわかる。それゆえに、「保険」に関する意識も、自分が亡くなったときの保障を中心に考え、まだ、老後や介護には思いが至らない。老後保障に関して特別な準備をしていない人は、四一・九％、自分の介護について特別な準備をしていない人は四六・八％となっている。

これも、将来結婚して子どもをもって、「モデル家族に復帰」するという期待が男性や四四歳までの女性に強いことの反映であろう。

生活満足度や、生活不安度に関しては、男女で大きな差が見られた（図表24−1、24−2）。現在の生活満足度や、独身生活のメリットを感じている人は、女性に多く、男性に少ない。一方、独身でいることの将来のデメリットを感じている人は、女性に多い。将来に対して不安というのは、女性では六六・七％にも上るのに対し、男性は、四六・七％となっている。

†独身者としての将来像が見えない

この調査結果は、パラサイト・シングルの状況とそれほど変わらない。私が加わった一九九二年の家計経済研究所の調査では、独身若者を三〇歳まで、内閣府の若者調査では、若者を三五歳と区切って親同居未婚者の意識を調査した。そこに典型的に表れてきたのは、現在の生活の満足度はきわめて高いのに、男女とも、将来結婚して「夫は仕事、妻は家事中心」の生活を夢み、現実には結婚相手がいないことを嘆き、将来に不安をもつという意識であった。

ということは、中高年独身者も、パラサイト・シングルがそのまま年を重ねた人が多いと考えられるのではないか。そして、結婚という期待の部分が徐々に少なくなり、将来不安が徐々に高まるという構造となっている。少なくとも、独身を独身として楽しみ、独身として将来を準備するという姿は見えてこないのが、日本の中高年独身者である。

おわりに――努力すれば報われる社会の再興は可能か

†青少年関係の問題行動の増大

これまで述べてきたように、青少年をとりまく社会状況が大きく変化している。動機が理解しにくい少年犯罪、非行から始まって、子どもを無目的に誘拐するおとな、援助交際、未成年を対象とした性犯罪など目につきやすい「行動」はもちろん、一〇万人を超える不登校生徒、一〇〇万人と推定される「ひきこもり」、学校以外で全く勉強しない子どもの増加など目につきにくい部分でも、「問題行動」が広がっている。

序章で述べたように、私は、一九九〇年代後半に、おとなも含めた社会全体のあり方が根本的に変わってしまったと考えている。それは、一九九八年に自殺者が突如約一万人増え三万人を超えたことに象徴されている。他にも、離婚率、できちゃった結婚、DV、ストーカー、児童虐待、わけのわからない犯罪もこの時期に急増し、少年以上に「おとな」の不可解な行動、犯罪が目立つようになってきた。

これらの問題行動の増加は、①経済状況が不安定化したことによって、「社会に絶望する人」が増えたこと、および、②社会のインフラが変化したことによって、「社会に絶望する人を容易に問題行動に走らせる手段」が手に入れやすくなったことが原因である。平たく言えば、やけになっている人が増えているのだ。

†経済状況の不安定化による絶望感の広がり

まず、経済状況の不安定化による社会意識の変化から考察していこう。これから社会に出て行く青少年が希望をもって生活するためには、「努力が報われる見通し」が必要である。高度成長期には、「誰であっても」学校で勉強し、企業でまじめに働き（男性）、家事・育児をこなして（女性）、ルールを守って生活していれば、将来、マイホームをもつ「豊かな生活」に到達できるという希望がもてた。

しかし、一九九〇年代から本格化するニューエコノミーの流れが状況を一変させてしまった。職の二極化が進行し、一部の能力のある若者は高い報酬を受けられるだろうが、そこその能力の若者は努力してもなかなか正社員にもなれない。高校を卒業しても、安定した職がないとすると、努力してルールを守って勉強しても仕方がないと思う青少年が増えるだろう。調査によると特段の能力がなかったり、親に資産がない子どもたちの中に、

「自分たちの将来がない」という無力感が蔓延しているのだ（平成一四年度東京都生活文化局親子関係調査）。

努力しても仕方がないと感じれば、「絶望感」に襲われる。絶望感に襲われると、絶望感を忘れさせてくれるような享楽的行動にふける（ゲーム、ドラッグ、メール、セックスなど）、社会から撤退する（不登校やひきこもり、自殺、ネット心中）、他人を不幸にして自分の絶望感を埋める（いじめ、やけ型犯罪）行動をとりやすい。自分の将来がどうでもいいと思っている青少年（おとなでも同じだが）に対して、いくら厳罰で臨んでも何の抑止効果も期待できない。厳罰化は、おとなの欲求不満の解消としてのみ意味があるものなのだ。

この感覚は、努力すれば報われる環境で育つことができた今の四十代以上のおとなには、理解しにくいだろう。昔は、既成のルートから外れなければ、将来の見通しが立った。問題行動に走るのは、ルートから外れた一部の青少年だけだった。だから、ルートからはずれた青少年を特定し、囲い込んで、補導、矯正し、「努力すれば、豊かな生活が築ける」というルートにもう一度乗せることが、健全育成のために有効だった。

今では、「勉強して将来豊かな生活を築く」というルート自体が崩壊している。問題を起こした青少年を特定して、補導しても、実社会に戻った時、「努力が報われる環境」が用意されていなければ、また、同じことを繰り返すだけである。

†問題行動を実現するインフラが整備される

そして、携帯電話、インターネット、車の普及が、「享楽的行動」、「社会からの撤退」、「やけ型犯罪、非行」を加速化させる。

一昔前の非行や問題行動は、集団で行うものが多かった。万引きにしろ、暴走族にしろ、集まるためには場所と時間の指定が必要だし、一緒に行動するためには、連絡網が整った組織が必要だった。だから、親や先生、警察も把握、取り締まりがやりやすかったのだ。場所や組織のリーダーを特定し、補導すればよかったのである。

しかし、携帯電話、インターネット、車などのインフラが整備されることによって、もう青少年は、時間や空間に制約されない。一ヶ所にたむろし、集団となって悪さをする時代ではない。組織を作らなくても、一時的に悪さをする仲間はいくらでも手にはいるのだ。ネットで出会った人と遊び、不健全情報は電波で手に入れ、悪さの相談はメールでする。一ヶ所に留まる必要がないので、取り締まるころには、携帯で連絡が入り、もぬけの空になる。

このような状況下で、旧来型の青少年条例に多少手を加えただけの対策が功を奏するとは思えない。不健全図書やビデオの自動販売機を隔離しても、その気になれば、その手の情報は携帯を通じ、ネット等でいくらでも手にはいる。夜間青少年が集まる場所を特定して取り締まろうとしても、携帯があればどこでも誰とでも集合できる。だいたい、不健全な場所に行くな、変なおとなと接触するなと言っても、将来に絶望している青少年は、「享楽の場」を求め、おとなの手をすり抜ける。

なら、ネットや携帯を規制しようとしてもうまくいかない。これらのツールは、子どもにとっても、おとなにとっても生活必需品になっている。携帯は悪さの相談や犯罪にも使えるが、友達と親しく話すためにも必要なのだ。親が自分の子の携帯を取り上げたら、その子は、友達がいなくなり、孤立してしまうのだ。

†青少年の行動はおとな社会の鏡

本気で青少年健全育成をしようと思うなら、青少年に「努力すれば必ず報われますよ」という道を示すしかない。それには、おとなたちや仲間内から「評価される」仕事を作り出すことである。しかし、将来に不安をもち、努力が報われないと思っているおとなが多い限り、青少年が健全に育つはずはない。

今のおとなが作り出している日本社会が、これから仲間入りする青少年にどのようにみえているかを一度考えてみた方がよい。

こつこつ努力して、職業労働や家事・育児などを通して、人や社会のために頑張っている人たちは、正当に評価されているだろうか。むしろ、親や配偶者、大組織にパラサイトして、うまく立ち回って楽に豊かな生活をしている人をみてうらやましいと思ったり、そうありたいと思うおとなが多いのではないだろうか。

青少年の行動は、おとな社会の鏡であるということは、いつの時代でも真実なのである。

あとがき

冒頭で、「社会学の分析は生もの」と書いたが、本書も例外ではない。本書の校正中にも、社会の変化によって書き足しや書き直しを迫られたものがあった。

一番大きいのは、年金制度の改革である。社会保障審議会や厚生労働省の改革案のうち、いくつかは法案化されたが、専業主婦からの徴収、遺族年金の大幅見直しや厚生年金対象者のパートタイム労働者への拡大など制度の根幹にかかわる改正は見送られた。

夏（六―七月）は、出生率をはじめとして、前年度のデータが発表される時期である。引用しているデータに関しても、可能なものは、なるべく更新を行った。ただ、二〇〇三年に離婚者数が少し減少したのは意外であった。この傾向が続くのかどうか、注意してみていきたい。

また、研究状況も変化している。フリーターなどの不安定雇用に関する研究がなされるようになり、その成果が次々に刊行されている。特に、審議会や研究会でよくご一緒する労働経済学者の玄田有史東大助教授は、近著『ジョブ・クリエイション』（二〇〇四年三月、日本経済新聞社）の中で、「一九九七年」が転換点であると分析している。彼によると、一九九七年が、大型倒産が起きると共に、中小企業や自営業の状況が悪化し起業も減少し、雇用が大幅に減少した年であるという。その結果、翌年の「一九九八年」に、若年失業率やフリーターが大幅に増加することとなった。

下部構造の転換点が一九九七年、それが上部構造に波及するのが、一九九八年と解釈してよいだろう。私が「一九九八年問題」としたのは、人々が社会の変化を実感したのが一九九八年であるという社会学的視点によるものである。

本書を出版するに当たって、多くの人にお世話になった。私の大学院ゼミにも科目履修生として熱心に参加していた草土文化社の三輪ほう子さんに『子どものしあわせ』での連載を頼まれたのが、本書がうまれるきっかけであった。三輪さんには、テーマをご提案いただいたり、資料を探していただくなど、たいへんお世話になった。資料整理に関しては、東京学芸大学学生の川原梨奈さん、同・元院生の石田環さん、奈良女子大学大学院生の金原あかねさんに手伝っていただいた。紙面を借りて謝意を表したい。また、転載を許可してくださった、草土文化社には改めて御礼を申し上げる。

最後に、前著『パラサイト・シングルの時代』を書くことを勧めてくださった、筑摩書房の福田恭子さんには、本当に丁寧に編集作業をしていただいた。どちらかというと作業が遅く、つたない文章を書く私を励ましていただいた。
みなさまに、紙面を借りて謝意を表したい。

二〇〇四年九月一日

山田昌弘

ちくま新書
495

パラサイト社会《しゃかい》のゆくえ
――データで読《よ》み解《と》く日本《にほん》の家族《かぞく》

二〇〇四年一〇月一〇日　第一刷発行
二〇〇六年　八　月　五　日　第六刷発行

著　者　山田昌弘（やまだ・まさひろ）
発行者　菊池明郎
発行所　株式会社　筑摩書房
東京都台東区蔵前二-五-三　郵便番号一一一-八七五五
振替〇〇一六〇-八-四一二三
装幀者　間村俊一
印刷・製本　三松堂印刷　株式会社
乱丁・落丁本の場合は、左記宛に御送付下さい。
送料小社負担でお取り替えいたします。
ご注文・お問い合わせも左記へお願いいたします。
〒三三一-八五〇七　さいたま市北区櫛引町二-六〇四
筑摩書房サービスセンター
電話〇四八-六五一-〇〇五三

ISBN4-480-06195-9 C0236

ちくま新書

427 週末起業 藤井孝一
週末を利用すれば、会社に勤めながらローリスクで起業できる！　本書では「こんな時代」をたくましく生きる術を提案し、その魅力と具体的な事例を紹介する。

441 賃金デフレ 山田久
黙っていても給料が年々上がった時代は今や昔。導入が始まった成果主義も、賃下げの異名との声すらある。まず経営改革ありきの立場から、賃金の行方を展望する。

470 ネーミングの極意
――日本語の魅力は音がつくる 木通隆行
あの「E電」はなぜ消えた？　消えてゆく言葉、心に残る言葉の違いは音にある。商品名から流行語まで、言葉の表情を「音相理論」により分析、語音の魅力を解き明す。

412 中高年自殺――その実態と予防のために 高橋祥友
ここ数年、日本の自殺者数は三万人を超える高水準にある。なかでも中高年男性の増加が目立つ。自殺予防はどこまで可能なのか。専門医による緊急書き下ろし。

329 教育改革の幻想 苅谷剛彦
新学習指導要領がめざす「ゆとり」や「子ども中心主義」は本当に子どもたちのためになるものなのか？　教育と日本社会のゆくえを見据えて緊急提言する。

416 日本の治安は再生できるか 前田雅英
日本の体感治安は急速に悪化している。少年非行や外国人犯罪だけでなく身近な窃盗罪も激増した。戦後の犯罪事情を検証し「安心」が消えた日本社会の深層を探る。

465 憲法と平和を問いなおす 長谷部恭男
情緒論に陥りがちな改憲論議と冷静に向きあうには、そもそも何のための憲法かを問う視点が欠かせない。この国のかたちを決する大問題を考え抜く手がかりを示す。

ちくま新書